Las claves de una dieta sana para diabéticos

D0100190

Todos deberíamos prestar atención a nuestra dieta, pero aún más en el caso de los diabéticos. A lo largo de los últimos sesenta años, expertos de todo el mundo no se han puesto de acuerdo acerca de las necesidades dietéticas de los diabéticos. Según un estudio reciente de la American Diabetes Association, «Si hay un hecho comprobado acerca de la dieta y la diabetes es que no hay una dieta buena para todo el mundo».

Lógicamente, la investigación para hallar la «mejor» dieta para diabéticos sigue en marcha, y los estudios podrían arrojar luz sobre un par de hechos sorprendentes. Por ejemplo, en los últimos tiempos se ha abierto el debate acerca de las dietas ricas en proteínas y moderadas en hidratos de carbono. Pues bien, algunos estudios demuestran que estas dietas regulan mejor la insulina que las ricas en hidratos de carbono que se recomendaban antaño, además de favorecer la pérdida y el control de peso. Asimismo, últimamente está ganando protagonismo la teoría del «almidón resistente», un tipo de fibra dietética que está presente en muchos alimentos ricos en hidratos de carbono, como patatas, cereales y legumbres, sobre todo cuando se cuecen y se dejan enfriar. Se llama así porque no se digiere, y al parecer aumenta la capacidad del cuerpo de quemar grasa, reduce el apetito y regula los niveles de glucosa en la sangre.

Sin embargo, hoy día los organismos especializados en diabetes ofrecen recomendaciones sorprendentemente similares a las pautas de alimentación que deben seguir los que no la padecen. Y es que todos necesitamos que nuestra dieta tenga un buen equilibrio de los nutrientes principales (o «macronutrientes»: hidratos de carbono, grasas y proteínas).

Hidratos de carbono

Los hidratos de carbono son la fuente de energía principal de nuestro cuerpo. Féculas y azúcares incluidos, se transforman fácilmente en glucosa en el sistema digestivo y nos aportan la energía que necesitamos en nuestra vida cotidiana. Entre las fuentes de hidratos de carbono más indicadas para la diabetes se cuentan las legumbres (alubias, guisantes y lentejas), los cereales integrales (avena, cebada, centeno, espelta, arroz y trigo), las hortalizas feculentas (tubérculos incluidos) y la fruta, sobre todo si posee un índice glucémico bajo (*véase* el recuadro de la página siguiente). Es importante comer suficientes —pero no demasiados— hidratos de carbono, porque no se almacenan en el cuerpo sino que se convierten en grasa corporal.

Grasas

Las grasas cumplen varias funciones en el organismo, y las que ingerimos se descomponen en ácidos grasos de distintos tipos. Estos facilitan el trabajo de las proteínas, favorecen el almacenamiento y la utilización de determinadas vitaminas, y además ayudan a controlar el crecimiento, la respuesta inmunitaria, la reproducción y el metabolismo.

Aunque la grasa es una fuente densa de energía y se almacena fácilmente en el cuerpo, los diabéticos no tienen por qué evitar las grasas. De hecho, existen muchas grasas que son beneficiosas para todo el mundo, no solo para los diabéticos. Es el caso de las grasas monoinsaturadas (aceite de oliva, aguacate y algunos frutos secos y semillas) y determinados tipos de grasas poliinsaturadas (pescado azul, algunos frutos secos y semillas, y aceites vegetales). Las grasas saturadas (muy abundantes en los lácteos enteros, los cortes de carne grasos y muchos alimentos procesados como la bollería industrial) son menos beneficiosas y, en grandes cantidades, podrían agravar el estado de salud favoreciendo incluso enfermedades cardiovasculares. Las grasas hidrogenadas, sustancias que durante el proceso de fabricación se alteran para endurecerlas, podrían ser incluso más perjudiciales que las saturadas, por lo que es mejor evitarlas. La industria alimentaria prescinde cada vez más de este tipo de grasas, por lo que resulta más fácil encontrar productos sin grasas hidrogenadas.

Proteínas

Como las grasas, las proteínas cumplen muchas funciones en el organismo, puesto que el tejido conectivo, la piel, el cabello y los músculos están formados por proteínas, y sin ellas no podríamos mantener la masa muscular, los órganos vitales ni la piel, ni fabricar nuevas células. Las proteínas son imprescindibles para todas las células del cuerpo, incluido el ADN, las hormonas y las enzimas. Todas esas funciones requieren la ingesta regular de proteínas. Una dieta que reúna la cantidad adecuada de proteínas será igual de beneficiosa para una persona diabética que para otra que no lo sea, siempre y cuando exista un equilibrio, por ejemplo, no abusar de la carne roja. Entre las fuentes de proteínas beneficiosas para los diabéticos se incluyen el pescado, las aves, la carne roja magra tomada con moderación, las legumbres, los huevos, los lácteos desnatados y los frutos secos y las semillas.

Índice glucémico

El índice glucémico (IG) clasifica los hidratos de carbono en función de la rapidez con que el cuerpo absorbe las féculas y los azúcares que contienen y llegan al torrente sanguíneo en forma de glucosa. El valor máximo es 100 y el mínimo, 1. Los alimentos con un IG elevado (superior a 70) se absorben más deprisa y los que tienen un IG bajo (hasta 55) lo hacen más despacio. Los alimentos con un IG moderado registran índices de 56 a 69. El IG se concibió en la década de 1980 para ayudar a los diabéticos a elegir bien la comida y, por tanto, a controlar los niveles de glucosa en la sangre y la medicación.

Pero en la práctica se comen o beben alimentos ricos en hidratos de carbono y con un IG alto junto con otros (p. ej., patatas hervidas con pescado o pasta con salsa de queso y jamón cocido). La grasa y las proteínas que acompañan a los hidratos de carbono pueden prevenir los «picos» de glucemia. Así, los diabéticos podrían beneficiarse de comer alimentos ricos en hidratos de carbono —sobre todo los que tienen un IG más bajo— con proteínas y grasas para minimizar ese efecto. (El IG solo se refiere a los hidratos de carbono, no existe un baremo para las proteínas y las grasas). Muchos estudios avalan que, frente a las comidas con un IG bajo, las que registran un IG alto son menos saciantes y crean más sensación de hambre o inducen a comer más, de modo que la ingesta de alimentos con un IG bajo puede resultar útil en las dietas de adelgazamiento. El efecto glucémico de un alimento también depende de la cantidad que se ingiera de él. La carga glucémica (CG) de un alimento o una comida calcula este efecto mediante una fórmula basada en el peso de los hidratos de carbono consumidos y en su IG teórico.

Alimentos con un IG alto: azúcares de todo tipo, sandía, plátano, puré de patata, pan blanco y copos de maíz para el desayuno.

Alimentos con un IG moderado: boniato, patata hervida, pasta, maíz, copos de avena, pan integral, naranja, uva e higo.

Alimentos con un IG bajo: lentejas, alubias rojas, garbanzos, legumbres estofadas, cebada integral, manzana, orejones de albaricoque, ciruela, cereza, yogur natural y leche.

Alimentos que hay que evitar

Muchos diabéticos se preguntan si deben evitar algún alimento. La respuesta es «no», o «no del todo». Las asociaciones relacionadas con la diabetes recomiendan reducir la ingesta de **grasas saturadas**, pero no existen unas pautas acerca de la ingesta máxima para los pacientes diabéticos. Dada la relación entre cardiopatías, hipertensión y diabetes, se aconseja limitar la cantidad de **sodio** a 1500 miligramos al día como máximo, no solo de sal añadida sino también de alimentos ricos en sodio como el beicon y el jamón cocido, las sopas preparadas, las salsas, los cubitos de caldo y la comida para llevar. Previa consulta con el médico, no hay inconveniente en que se tome una cantidad moderada de **alcohol**, una bebida alcohólica pequeña si es mujer y dos si es hombre. Hay que controlar la ingesta de **hidratos de carbono** simples y muy refinados, como el azúcar; la harina, la pasta y el arroz blancos, y la bollería industrial. Este último punto resulta de vital importancia si se padece sobrepeso, porque estos alimentos tienden a ser bajos en nutrientes y ricos en calorías y, a veces, en grasa.

Azúcar: todo lo que hay que saber

Los dietistas dividen los azúcares que tomamos en dos categorías: intrínsecos (que están presentes de forma natural en los alimentos, como la fruta) y extrínsecos (que se añaden durante el proceso de fabricación o en la mesa). La leche contiene un azúcar extrínseco, la lactosa, que no suele clasificarse dentro del grupo de los azúcares extrínsecos. Estos azúcares también se denominan «libres».

* **Alimentos ricos en azúcar intrínseco.** Este grupo incluye muchas frutas, sobre todo tropicales y deshidratadas, y una sorprendente cantidad de hortalizas, como remolacha, zanahoria, maíz, pimiento, patata, guisantes, cebolla y chirivía. Aun así, no hay que evitar todas las frutas y hortalizas que contienen azúcar, porque aportan numerosos nutrientes importantes, fibra dietética y compuestos vegetales saludables.

* **Alimentos ricos o muy ricos en azúcar intrínseco.** Este grupo incluye golosinas, bollería, postres, refrescos y galletas, así como algunos cereales y barritas para el desayuno, yogures de fruta desnatados y algunas bebidas alcohólicas, como vino dulce.

En caso de tener que restringir el azúcar, existen distintos tipos de sucedáneos:

* **Alternativas al azúcar natural.** El jarabe de arce y los siropes de agave, dátiles y malta de arroz son una alternativa práctica, ocasional y a menudo sabrosa al azúcar. El contenido calórico es similar al del azúcar pero suelen ser más ricos en fructosa (azúcar de la fruta). La American Diabetes Association recomienda limitar el consumo de sirope de agave y otros edulcorantes naturales en caso de diabetes, y en general se cree que presentan pocas ventajas con relación al azúcar.

* **Edulcorantes artificiales.** Sustitutos del azúcar muy bajos en calorías o acalóricos como el aspartamo, la sacarina, el acesulfamo-k y la sucralosa. Todos ellos han sido aprobados por los estamentos americanos y europeos y no afectan a los niveles de glucosa en la sangre. Aun así, mucha gente cree que dejan un regusto y que no saben tan bien como el azúcar.

* **Azúcares del alcohol.** El manitol, el sorbitol, el eritritol y el xilitol contienen menos calorías que el azúcar, la mitad o un tercio menos. En grandes cantidades, estos azúcares pueden provocar diarrea, hinchazón y aumento de peso, así como hiperglucemia.

* **Stevia.** La stevia es un edulcorante único que se obtiene del extracto de *Stevia rebaudiana*, una planta de origen sudamericano. Estudios recientes demuestran que ayuda a bajar la tensión arterial, mantiene constantes los niveles de glucosa en la sangre y minimiza el daño sobre el hígado y los riñones en los diabéticos. Existen muchos tipos y marcas de stevia; nosotros la utilizamos en polvo (la versión sin calorías que equivale a la misma cantidad de azúcar) y líquida.

Etiquetas

Cuando compre productos envasados, tenga en cuenta que el azúcar puede estar camuflado en la etiqueta bajo nombres muy distintos. Todos estos ingredientes son azúcares: azúcar de caña, extracto de maíz, jarabe de maíz, sólidos de jarabe de maíz, dextrosa, fructosa, concentrado de zumo de fruta, miel, lactosa, maltosa, extracto de malta y jarabe de arce.

Decálogo de la alimentación sana para diabéticos

1. Siga una dieta lo más variada posible

De este modo, obtendrá todos los nutrientes que el cuerpo necesita para estar equilibrado.

2. Tome alimentos naturales

Evite los productos muy procesados, como la bollería industrial, y consúmalos solo en ocasiones. Una dieta a base de alimentos naturales es la manera más fácil de reducir el consumo de grasas saturadas e hidrogenadas, sodio y azúcar.

3. Si le apetece algo dulce, coma fruta

Si es goloso, el postre ideal son las frutas con un IG bajo, como la cereza, la ciruela, la manzana y el melocotón, puesto que al ser tan ricas en fibra liberan despacio la insulina.

4. Controle el consumo de refrescos y zumos

Las bebidas que contienen mucho azúcar, como los refrescos y los zumos de fruta, se digieren especialmente deprisa y pueden provocar hiperglucemia.

5. Beba agua

Las mejores bebidas son el agua, el té o el café, si lo desea con un chorrito de leche semidesnatada o desnatada, puesto que afectan mínimamente a los niveles de glucosa en la sangre.

6. Coma con frecuencia

Esta recomendación es importante sobre todo para los diabéticos de tipo 1, para prevenir la hipoglucemia (bajos niveles de azúcar en la sangre). El hábito de comer a menudo evita los ataques de hambre y podría ayudar a controlar el peso.

7. Acuérdese de los hidratos de carbono «buenos» a diario

Tome hidratos de carbono ricos en fibra o con un IG bajo o ricos en almidón resistente (*véase* la página 7), que además son una magnífica fuente de nutrientes.

8. Llene el plato de colorido

Los alimentos de color verde, naranja, amarillo, rojo o púrpura suelen ser ricos en antioxidantes, que previenen enfermedades relacionadas con la diabetes, como cardiopatías.

9. No salga de casa sin su tentempié

Llévese siempre algún tentempié, como frutos secos mezclados con orejones y pasas, ideales para aumentar la energía a corto y largo plazo y mantener estable el nivel de glucosa en la sangre.

10. Tómese su tiempo para comer

No olvide disfrutar preparando la comida y degustándola. La comida es un placer que hay que saborear y que incluso puede ayudar a revertir los síntomas de la diabetes.

Una dieta equilibrada: pautas

Las recetas de este libro se han concebido en el marco de lo que se considera una dieta sana tanto para personas diabéticas como para las que no lo son, favoreciendo los hidratos de carbono «buenos» y reduciendo al máximo el azúcar añadido (extrínseco). Se parte de la base de que un 50 % de las calorías diarias procede de hidratos de carbono (principalmente con un IG bajo y ricos en fibra o «almidón resistente»; un 30 % de grasas (no más de un tercio de las cuales deben ser saturadas), y un 20 % de proteínas (siguiendo las pautas para diabéticos de la página 8). No obstante, la ingesta de proteínas es flexible y podría variar entre un 10 y un 25 %, según las preferencias (ajustando las proporciones de hidratos de carbono/grasas). Las recomendaciones en cuanto al azúcar varían en función del país, pero en este caso hemos pautado una ingesta de azúcar equivalente o inferior al 10 % de las calorías diarias, procedente en su mayoría de azúcares intrínsecos.

En la siguiente tabla estas recomendaciones se traducen en un desglose nutricional para cada comida del día. La información se basa en una dieta de 2000 calorías diarias indicada para que una mujer se mantenga en su peso.

	Kilocalorías (kcal)	HC (máx.)	Azúcares (máx.)	de los cuales azúcares extrínsecos	Grasas (máx.)	de las cuales grasas saturadas	Proteínas
Desayuno	400	53 g	10 g	5 g	13 g	4,5 g	10-25 g
Almuerzo	500	67 g	10 g	0 g	17 g	5,5 g	12,5-31 g
Cena	600	80 g	10 g	0 g	20 g	6,5 g	15-38 g
Aperitivo/guarnición	200	27 g	5 g	0 g	7 g	2 g	5-12,5 g
Postre/repostería	200	27 g	10 g	5 g	7 g	2 g	5-12,5 g
Leche (máx. 100 ml de desnatada)	50	5 g	5 g	0 g	2 g	1,2 g	3,3 g
Total diario	1950	259 g	50 g	10 g	66 g	21,7 g	50,8-122,3 g

*Más 50 calorías como máximo en alimentos «libres», como verduras y ensalada verde: 2000 calorías en total.

Los valores de esta tabla son orientativos. Aunque no hace falta que las personas que padecen diabetes tipo 2 controlen cada gramo de hidratos de carbono o azúcares de cada comida, las que padecen diabetes tipo 1 deben equilibrar la administración de insulina con la ingesta de hidratos de carbono. Antes de realizar un cambio en la dieta, consulte con el médico o la enfermera que lleven el control de su diabetes.

Para garantizar la variedad de recetas de este libro, los desgloses nutricionales exactos de las distintas recetas varían en función de las proporciones de macronutrientes que contienen. Por tanto, hay que equilibrarlos a lo largo de la dieta diaria. Por ejemplo, si elige un almuerzo bajo en proteínas —o en hidratos de carbono—, compénselo con una cena rica en proteínas —o en hidratos de carbono—, y viceversa.

En las páginas siguientes encontrará dos menús semanales que le ayudarán a planificar una dieta saludable basada en las recetas de este libro. El Programa 1 está diseñado para que los que tengan un peso saludable puedan mantenerlo, y el Programa 2 para adelgazar. Según la Federación Internacional de Diabetes, el 80 % de los diabéticos de tipo 2 de todo el mundo padecen sobrepeso o son obesos cuando se les diagnostica la enfermedad. La reducción entre un 5 y un 10 % del peso ralentiza o detiene la diabetes tipo 2, de modo que el adelgazamiento es un paso positivo para controlar la enfermedad.

Menús

Programa 1: **Mantener peso**

> * **Aporte calórico:** aproximadamente 2000 kcal al día (para una mujer adulta). En el caso de los hombres, 2500 kcal al día, lo que equivale a incrementar las porciones en un 25 %.
>
> * **Consumo sin restricciones:** verduras y hortalizas de ensalada (como lechuga, pepino, rábano y apio), hierbas aromáticas y especias, zumo de limón y vinagre.
>
> * **Para beber:** agua, té o café (con la cantidad de leche permitida).
>
> * **Cantidad de leche permitida:** 100 ml/3½ oz fl de leche semidesnatada (50 kcal) para mezclar con té o café, lo que prefiera (las cantidades diarias incluyen la leche).
>
> * **Alcohol:** una bebida alcohólica pequeña diaria como máximo en el caso de las mujeres y dos en el de los hombres (previa consulta con su médico). Hay que restar las calorías del postre permitido.

	Receta/alimento	Calorías
Primer día	**Total (incluida la cantidad de leche permitida)**	**1931**
Desayuno	*Gachas de avena con coco y moras* (pág. 21)	322
Tentempié de media mañana	1 *Barrita de frutos secos y pipas* (pág. 141)	213
	1 mandarina	40
Almuerzo	*Ensalada de berenjena y pimiento* (pág. 68)	475
	1 manzana	60
Cena	*Escalopes de pollo con tomates cherry* (pág. 88)	342
	Boniato asado (pág. 112)	183
Postre	*Compota de ciruela y ruibarbo con cobertura crujiente* (pág. 150)	208
	50 g/3½ cdas. de yogur griego	38
Segundo día	**Total (incluida la cantidad de leche permitida)**	**1991**
Desayuno	*Huevos Benedict con espárragos y jamón* (pág. 36)	342
	1 kiwi	30
Tentempié de media mañana	1 cda. colmada de *Crema de anacardos casera* (pág. 128)	153
	2 biscotes integrales de centeno	68
Almuerzo	125 g/4½ oz de salmón ahumado	275
	1 rebanada de *Pan integral de centeno* (pág. 137)	135
	2 cdtas. de salsa de mostaza al eneldo	46
Cena	*Espaguetis con albóndigas* (pág. 83)	585
	30 g/1 oz de virutas de parmesano	116
	Ensalada verde aliñada con 2 cdtas. de vinagreta	40
Postre	*Crema de vainilla con salsa de frambuesa* (pág. 154)	151
Tercer día	**Total (incluida la cantidad de leche permitida)**	**1997**
Desayuno	*Muesli casero* (pág. 22)	429
	1 manzana troceada (sin pelar)	60
	150 ml/⅔ de taza de leche de almendras sin edulcorar	20
Tentempié de media mañana	35 g/1¼ oz de cheddar bajo en grasa	110
	2 biscotes de avena con semillas	88
Almuerzo	*Sopa picante de garbanzos y pimiento rojo* (pág. 53)	366
	2 *Brownies de remolacha* (pág. 149)	148
	1 cda. de yogur griego	17
Cena	*Sopa de fideos con salmón* (pág. 101)	397
	60 g/⅓ de taza de arroz largo integral (preferiblemente basmati)	212
Tentempié	10 almendras y 4 medias nueces	100

Cuarto día	Total (incluida la cantidad de leche permitida)	1898
Desayuno	*Batido de frambuesa y leche de almendras* (pág. 26)	338
	2 nueces de Brasil	66
Tentempié de media mañana	*Pastas saladas de queso y hierbas* (pág. 138)	213
Almuerzo	*Burritos de carne de cerdo* (pág. 59)	467
	5 cerezas	25
Cena	*Macarrones con atún y brócoli* (pág. 102)	533
	Ensalada verde aliñada con 1 cdta. de vinagreta	60
Postre	80 g/⅔ de taza de frambuesas	42
Tentempié	2 cdtas. de *Crema de anacardos casera* (pág. 128)	76
	1 tortita de arroz integral con semillas	28
Quinto día	Total (incluida la cantidad de leche permitida)	**1973**
Desayuno	*Magdalenas integrales con zanahoria* (pág. 33)	318
	100 g/⅔ de taza de moras	43
Tentempié de media mañana	*Salsa de alubias blancas para mojar crudités* (pág. 124)	184
Almuerzo	*Ensalada de ternera, rúcula y parmesano* (pág. 71)	413
	30 g/⅓ de taza de almendras y 2 orejones de albaricoque	193
Cena	*Jambalaya de pollo y gambas* (pág. 94)	548
Postre	*Pudin de pan y frutos del bosque* (pág. 153)	224
Sexto día	Total (incluida la cantidad de leche permitida)	**1946**
Desayuno	*Tortitas de patata con salmón ahumado* (pág. 44)	353
	1 naranja	60
Tentempié de media mañana	1 cda. colmada de *Crema de anacardos casera* (pág. 128)	153
	1 biscote integral de centeno	34
Almuerzo	Ensalada de aguacate, tomate y mozzarella: ½ aguacate pequeño en dados y 1 tomate en rodajas con 75 g/2¾ oz de mozzarella de búfala desmenuzada, aliñado con vinagre balsámico y salpimentado	435
	2 biscotes integrales de centeno	68
Cena	*Tubérculos estofados* (pág. 108)	458
	25 g/¼ de taza de nueces	164
Postre	80 g/⅔ de taza de frambuesas	39
	20 g/¾ oz de chocolate negro derretido o rallado	120
Séptimo día	Total (incluida la cantidad de leche permitida)	**1928**
Desayuno	1½ cdas. colmadas de *Crema de anacardos casera* (pág. 128)	230
	1 rebanada de *Pan integral de centeno* (pág. 137)	135
	½ pomelo rosa o rojo	42
Tentempié de media mañana	*Pastas saladas de queso y hierbas* (pág. 138)	213
Almuerzo	*Ensalada de caballa ahumada, remolacha y patatas nuevas* (pág. 72)	435
	2 biscotes integrales de centeno	68
Cena	*Chili con carne* (pág. 80)	622
Postre	1 plátano muy pequeño y 5 arándanos negros	76
	100 g/⅓ de taza de yogur griego desnatado	57

* **Aporte calórico:** aproximadamente 1500 calorías al día (para una mujer adulta). En el caso de los hombres, 2500 kcal al día, lo que equivale a incrementar las porciones en un 25 %.

* **Consumo sin restricciones:** verduras y hortalizas de ensalada (como lechuga, pepino, rábano y apio), hierbas aromáticas y especias, zumo de limón y vinagre.

* **Para beber:** agua, té o café (con la cantidad de leche permitida). Evite el alcohol.

* **Cantidad de leche permitida:** 100 ml/3½ oz fl de leche semidesnatada (50 kcal) para mezclar con té o café, lo que prefiera (las cantidades diarias incluyen la leche).

	Receta/alimento	Calorías
Primer día	**Total (incluida la cantidad de leche permitida)**	**1535**
Desayuno	*Huevos revueltos con espinacas en tostadas de pan de centeno* (pág. 40)	247
	½ pomelo rosa	42
Tentempié de media mañana	*Chips de tubérculos* (pág. 127)	128
Almuerzo	*Sopa cremosa de pescado* (pág. 54)	362
	1 manzana pequeña	53
Cena	*Buey marinado al estilo chino con fideos* (pág. 84)	533
Postre	*Espuma de limón* (pág. 156)	120
Segundo día	**Total (incluida la cantidad de leche permitida)**	**1430**
Desayuno	Gachas: cueza 50 g/½ taza de copos de avena con 250 ml/1 taza de agua siguiendo las indicaciones del envase, hasta que se espesen y se ablanden. Incorpore 1½ cdtas. de linaza molida y cúbralo con 50 ml/¼ de taza de leche semidesnatada	229
	50 g/⅓ de taza de frambuesas	26
Tentempié de media mañana	1 huevo grande duro, 1 biscote integral de centeno y 4 tomates cherry	154
Almuerzo	*Sopa de guisantes partidos con jamón* (pág. 50)	315
	1 rebanada (25 g/1 oz) de pan integral	70
Cena	*Pinchos de rape, champiñones y pimiento rojo* (pág. 99)	429
	Ensalada verde con pepino aliñada con 2 cdtas. de vinagre balsámico	9
Postre	2 *Brownies de remolacha* (pág. 148)	74
Tercer día	**Total (incluida la cantidad de leche permitida)**	**1419**
Desayuno	*Copa de yogur con frutos secos, sandía y granada* (pág. 24)	172
	1 rebanada de *Pan integral de centeno* tostado (pág. 137)	135
	2 cdtas. de margarina baja en grasa	10
Tentempié de media mañana	1 *Galleta de avena, arándanos y frutos secos* (pág. 142)	145
Almuerzo	*Ensalada de aguacate, alcachofa y almendras* (pág. 67)	364
Cena	*Chow mein de pollo* (pág. 93)	469
Postre	1 *Brownie de remolacha* (pág. 148)	74

Cuarto día	Total (incluida la cantidad de leche permitida)	1446
Desayuno	*Pastas rústicas de arándano, limón y semillas* (pág. 30)	199
	1 manzana pequeña	53
Tentempié de media mañana	25 g/2 ½ cucharadas de *Cóctel de frutos secos, plátano y pipas* (pág. 130)	132
Almuerzo	*Minipizzas de tomate con aceitunas negras* (pág. 56)	367
	Ensalada verde aliñada con 2 cdtas. de vinagreta	40
Cena	*Pescado empanado con patatas y guisantes* (pág. 96)	412
Postre	*Crema de vainilla con salsa de frambuesa* (pág. 154)	151
	80 g/⅔ de taza de frambuesas	42
Quinto día	**Total (incluida la cantidad de leche permitida)**	**1489**
Desayuno	*Huevos escalfados con tomate* (pág. 38)	312
Tentempié de media mañana	1 biscote integral de centeno	34
	2 cdtas. de *Crema de anacardos casera* (pág. 128)	76
Almuerzo	*Burritos de pollo con maíz* (pág. 60)	361
	6 almendras	34
Cena	*Curry de calabaza y espinacas* (pág. 106)	486
	1 cdta. de chutney de mango	16
Postre	20 g/¾ oz de chocolate negro	120
Sexto día	**Total (incluida la cantidad de leche permitida)**	**1453**
Desayuno	*Tortitas con relleno cremoso de cítricos* (pág. 29)	316
Tentempié de media mañana	35 g/½ oz de cheddar bajo en grasa	47
	1 biscote de avena con semillas	44
Almuerzo	*Ensalada de atún y lentejas* (pág. 75)	225
	1 rebanada de *Pan integral de centeno* (pág. 137)	135
	1 ciruela	30
Cena	150 g/5½ oz de filete de salmón ahumado en caliente	312
	150 g/5½ oz de patatas nuevas cocidas al vapor con la piel y enfriadas	104
	80 g/¾ de taza de cada de judías verdes y brócoli cocidos al vapor	50
	El zumo de ½ limón	0
	1 cdta. de mantequilla	36
Postre	60 g/¼ de taza de ricota con 2 cdtas. de stevia en polvo	82
	100 g/⅓ de taza de moras	22
Séptimo día	**Total (incluida la cantidad de leche permitida)**	**1454**
Desayuno	*Hamburguesas de pavo con champiñones y tomate* (pág. 43)	239
	1 rebanada (25 g/1 oz) de pan integral	70
Tentempié de media mañana	10 almendras y 4 medias nueces	98
Almuerzo	*Quiche sin rebordes de calabacín y habas* (pág. 64)	412
Cena	*Hamburguesas de lentejas y espinacas* (pág. 105)	363
	Ensalada de lombarda, naranja y nueces (pág. 120)	148
Postre	100 g/½ taza rasa de yogur griego desnatado	57
	30 g/¼ de taza de arándanos negros	17

Desayuno

Gachas de avena con coco y moras

La avena es ideal para mantener a raya el nivel de glucosa en la sangre, y el coco y las moras aportan un toque sano e irresistible.

Kilocalorías 322 // Hidratos de carbono 38,7 g // Azúcares 9,9 g // Proteínas 10,6 g // Fibra 7,3 g // Grasas 15,2 g // Grasas saturadas 4,1 g // Sodio 520 mg

250 ml/1 taza de agua de coco
250 ml/1 taza de agua
250 ml/1 taza de leche desnatada
150 g/1¾ tazas de copos de avena
½ cucharadita de pimienta de Jamaica molida
1 cucharadita de sal
2 cucharaditas de stevia en polvo
80 g/⅓ de taza de yogur desnatado (descremado)

Para servir
100 g/⅔ de taza de moras
60 g/½ taza de avellana picada
20 g/¼ de taza de coco rallado

1. Ponga el agua de coco, el agua y la leche en una cazuela, y remueva bien.

2. Incorpore los copos de avena, la pimienta de Jamaica, la sal, la stevia y el yogur, y llévelo a ebullición a fuego suave. Baje el fuego y cuézalo, removiendo a menudo, 10 minutos o hasta que la avena esté tierna y las gachas queden espesas y cremosas.

3. Repártalo entre los boles. Añada las moras y esparza por encima la avellana y el coco. Sírvalo enseguida.

Para 4 personas // Preparación: 10 minutos // Cocción: 15 minutos

De origen vegetal, la stevia es una alternativa saludable al azúcar o los edulcorantes artificiales (*véase* pág. 11). Puede comprarla en polvo o en líquido, no tiene calorías ni influye en el nivel de glucosa en la sangre.

Consejo //

Muesli casero

El muesli envasado suele ser muy rico en azúcar porque lleva abundante fruta seca. Esta sana versión casera contiene mucho menos azúcar.

Kilocalorías 429 // Hidratos de carbono 53,5 g // Azúcares 5,6 g // Proteínas 14 g //
Fibra 10,9 g // Grasas 20,2 g // Grasas saturadas 3 g // Trazas de sodio

Encontrará linaza molida en tiendas de dietética. Los nutrientes de esta semilla se absorben mucho mejor si están molidas, puesto que cuando están enteras pasan directamente al tracto digestivo.

Nota//

150 g/3 tazas de copos de avena
100 g/¾ de taza de copos de centeno
40 g/⅓ de taza de nueces
12 nueces de Brasil
10 g/1 cucharada de pipas (semillas) de girasol
10 g/1 cucharadas de pipas (semillas) de calabaza
   (zapallo anco, zapallito)
15 g/2 cucharadas de pasas
15 g/2 cucharadas de orejones de albaricoque
   (damasco) picados
2 cucharadas de linaza molida

1. En un bol grande, mezcle los copos de avena y de centeno.

2. Pique las nueces y las nueces de Brasil, y mézclelas con los copos junto con las pipas de girasol y de calabaza y las pasas.

3. Mezcle los orejones con la linaza molida; la linaza se adherirá a los orejones y evitará que se peguen. Incorpórelo al muesli.

4. Si no va a consumir el muesli enseguida, guárdelo en un recipiente hermético. Puede doblar o triplicar fácilmente la cantidad y conservarlo una semana en el frigorífico.

Para 4 personas // Preparación: 10 minutos // Cocción: ninguna

Copa de yogur con frutos secos, sandía y granada

Colorido y apetitoso, este refrescante desayuno es perfecto para comenzar el día cuando le apetezca algo ligero.

Kilocalorías 172 / / Hidratos de carbono 14,2 g / / Azúcares 10 g / / Proteínas 12 g / / Fibra 2,1 g / / Grasas 8,3 g / / Grasas saturadas 1,3 g / / Sodio 80 mg

Nota / /

De textura parecida a la del mascarpone, sin grasa ni azúcares añadidos y rico en proteínas, el queso quark es una buena opción. Solo 100 g/3½ oz cubren casi las necesidades diarias de calcio.

200 g/¾ de taza de yogur desnatado (descremado)
200 g/¾ de taza de queso cremoso o quark desnatados (descremados)
1 cucharadita de stevia en polvo
30 g/¼ de taza de pistacho troceado
30 g/⅓ de taza de almendra fileteada tostada
200 g/1⅓ tazas de sandía en dados
30 g/3 cucharadas de granos de granada

1. En un bol grande, mezcle el yogur con el queso y la stevia.

2. Incorpore la mitad del pistacho y de la almendra.

3. Reparta la sandía entre 4 copas de helado y, con una cuchara, añada el yogur.

4. Esparza los frutos secos restantes por encima, luego la granada, y sírvalo enseguida.

Para 4 personas / / Preparación: 10 minutos / / Cocción: ninguna

Batido de frambuesa y leche de almendras

Si no suele desayunar, pruebe este batido. Se prepara en un instante, sabe de maravilla y es muy nutritivo.

Kilocalorías 338 / / Hidratos de carbono 28,4 g / / Azúcares 10,6 g / / Proteínas 6,7 g / / Fibra 10,7 g / / Grasas 14,1 g / / Grasas saturadas 1 g / / Sodio 80 mg

Ricos en potasio y almidón resistente, los plátanos son ideales para los diabéticos. El potasio regularía la producción de insulina y el almidón resistente aumentaría la sensiblidad a la insulina.

Nota / /

1 plátano (banana)
200 g/1⅔ tazas de frambuesas
400 ml/1¾ tazas de leche de almendras sin edulcorar
40 g/2½ cucharadas de crema de almendras
4 cucharaditas de stevia en polvo
2 cucharaditas de esencia de vainilla
cubitos de hielo

1. Pele el plátano y póngalo en la batidora con las frambuesas.

2. Añada la leche, la crema de almendras, la stevia y la vainilla. Eche unos cubitos de hielo.

3. Triture los ingredientes hasta que adquiera una textura homogénea. Tómese el batido enseguida, o refrigérelo toda la noche y bébaselo por la mañana.

Para 2 personas / / Preparación: 10 minutos / / Cocción: ninguna

Tortitas con relleno cremoso de cítricos

Un magnífico equilibrio de proteínas, hidratos de carbono y grasas. Las harinas de centeno y espelta aportan un sabor a frutos secos dulce.

Kilocalorías 316 // Hidratos de carbono 35,8 g // Azúcares 9,1 g // Proteínas 19,7 g // Fibra 3,4 g // Grasas 10,7 g // Grasas saturadas 4,3 g // Sodio 640 mg

1. En un bol, mezcle la ricota con el yogur, la ralladura y el zumo de naranja y la stevia. Refrigérelo hasta el momento de servir.

2. En un bol grande, mezcle todas las harinas con la sal, añada los huevos, el aceite de cacahuete, la leche y el agua, y remueva hasta obtener una pasta.

3. Caliente una sartén antiadherente pequeña a fuego medio-fuerte y pulverícela con aceite en aerosol.

4. Cuando esté caliente, vierta una cuarta parte de la pasta y oscílela para que se extienda por toda la base. Déjela al fuego 1 minuto, o hasta que se dore por abajo. Dele la vuelta con una espátula y hágala 1 minuto más por el otro lado. Reserve la tortita en un plato precalentado mientras prepara las restantes.

5. Repita la operación hasta terminar la pasta, rociando cada vez la sartén. Si lo prefiere, haga 8 tortitas pequeñas en lugar de 4 grandes.

6. Reparta las tortitas entre los platos, extienda la ricota por encima, eche unos dados de naranja y doble las tortitas. Adórnelas con los dados de naranja restantes y espolvoréelas al gusto con el azúcar glas.

Para 4 personas // Preparación: 20 minutos // Cocción: 10 minutos

250 g/1 taza de ricota
200 g/¾ de taza de yogur griego desnatado (descremado)
1 cucharada de ralladura y 2 de zumo (jugo) de naranja
1-2 cucharaditas de stevia en polvo
40 g/⅓ de taza de cada de: harina de centeno, harina de espelta (escanda, trigo salvaje) o harina integral de trigo, y harina de trigo
1 cucharadita de sal
2 huevos medianos
1 cucharada de aceite de cacahuete (cacahuate, maní)
150 ml/⅔ de taza de leche desnatada (descremada)
100 ml/½ taza de agua
aceite en aerosol, para engrasar
1 naranja pelada, desgajada y en dados
2 cucharaditas de azúcar glas (impalpable), para espolvorear

Pariente del trigo moderno y recuperada en los últimos tiempos, la espelta se vende en grano o en forma de harina. Al contener más grasa y proteínas que el trigo, su IG es más bajo.

Nota //

Pastas rústicas de arándano, limón y semillas

Estas pastas de aspecto rústico se elaboran con una deliciosa y nutritiva harina de trigo con semillas, linaza y arándanos.

Kilocalorías 199 // Hidratos de carbono 25,9 g // Azúcares 3,8 g // Proteínas 6 g // Fibra 2,9 g // Grasas 7,3 g // Grasas saturadas 1,4 g // Sodio 480 mg

1. Precaliente el horno a 200 °C/400 °F y pulverice la bandeja con aceite en aerosol.

2. Ponga la harina, la avena, la linaza, la levadura, el bicarbonato, la sal y la stevia en un bol grande, y remueva bien con un tenedor. Incorpore los arándanos y la ralladura de limón.

3. En un cuenco, bata el yogur con el aceite de cacahuete, el zumo de limón y la leche.

4. Vierta el yogur batido en el bol de la harina y remueva hasta obtener una pasta grumosa.

5. Enharínese las manos, divida la pasta en 12 bolas irregulares y colóquelas en la bandeja. Cueza las pastas en el horno precalentado 15 minutos, o hasta que adquieran consistencia y se doren.

6. Deje enfriar las pastas 10 minutos, unte cada una con 2 cucharaditas de la margarina y sírvalas templadas o frías. Se conservan un par de días en un recipiente hermético o un mes como máximo en el congelador, dentro de una bolsa de plástico para congelados.

Para 12 unidades // Preparación: 20-25 minutos // Cocción: 15 minutos, más enfriado

aceite en aerosol, para engrasar

275 g/2¼ tazas de harina integral de trigo con semillas, y un poco más para espolvorear

100 g/1 taza de copos de avena

15 g/1½ cucharadas de linaza molida

2 cucharaditas de levadura en polvo

½ cucharadita de bicarbonato

1 cucharadita de sal

3 cucharadas colmadas de stevia en polvo

125 g/¾ de taza de arándanos pequeños

la ralladura de 1 limón

275 ml/1 taza de yogur desnatado (descremado)

2 cucharadas de aceite de cacahuete (cacahuate, maní)

el zumo (jugo) de ½ limón

100 ml/½ taza de leche desnatada (descremada)

120 g/½ taza de margarina de girasol baja en grasa, para servir

El yogur es un ingrediente de repostería ideal para diabéticos porque tiene un IG de solo 14. Las semillas, la avena, los arándanos y el aceite reducen aún más la carga glucémica de estas pastas.

Nota //

Magdalenas integrales con zanahoria

Estas delicias de zanahoria, pasas y nueces contienen muy poco azúcar y grasa, y mucha fibra y vitamina A gracias a la zanahoria.

Kilocalorías 318 // Hidratos de carbono 47 g // Azúcares 9 g // Proteínas 9 g // Fibra 7,9 g // Grasas 12,5 g // Grasas saturadas 4,2 g // Sodio 400 mg

1. Precaliente el horno a 180 °C/350 °F. Forre con moldes de papel 10 huecos de un molde múltiple para 12 magdalenas.

2. Tamice la harina, el bicarbonato, la levadura, la sal, la canela y el jengibre en un bol, y añada el salvado que se quede en el tamiz.

3. En otro bol, bata el aceite con el huevo, las claras, la stevia y la vainilla hasta obtener una crema. Incorpore la compota de manzana y la leche de almendras.

4. Pele y ralle las zanahorias y añádalas a los ingredientes líquidos con las pasas, las nueces y la mitad del coco rallado. Incorpore poco a poco la mezcla de harina removiendo solo lo justo.

5. Reparta la pasta entre los moldes de papel. Cueza las magdalenas en el horno 25 minutos, o hasta que al pincharlas en el centro con un palillo este salga limpio.

6. Deje enfriar las magdalenas en el molde hasta que pueda manipularlas y luego páselas a una rejilla metálica para que se enfríen del todo. Adórnelas con el coco rallado restante o métalas en bolsas para congelados y congélelas un mes como máximo.

Para 10 unidades // Preparación: 20-25 minutos // Cocción: 25 minutos, más enfriado

450 g/3¾ tazas de harina integral
1 cucharadita de bicarbonato
1 cucharadita de levadura en polvo
½ cucharadita de sal
1 cucharadita de canela molida
¼ de cucharadita de jengibre molido
2 cucharadas de aceite vegetal
1 huevo
2 claras de huevo
3 cucharadas de stevia en polvo
2 cucharaditas de esencia de vainilla
120 g/½ taza de compota de manzana sin edulcorar
80 ml/⅓ de taza de leche de almendras sin edulcorar
450 g/1 lb de zanahorias
80 g/½ taza de pasas
60 g/½ taza de nueces picadas
60 g/¾ de taza de coco rallado

La leche de almendras es una alternativa cada vez más popular a la leche de vaca. La versión sin edulcorar contiene solo un 0,1 % de azúcar, comparado con el 5 % de la leche de vaca.

Nota //

33

Cómo incorporar actividad física a la vida cotidiana

Si es diabético o desea prevenir la diabetes, el movimiento será su mejor aliado. Muchos estudios demuestran que la actividad física es fundamental para las personas que padecen resistencia a la insulina, prediabetes, diabetes tipo 2, diabetes gestacional o complicaciones de salud relacionadas con la diabetes, como problemas óseos. Aunque sea moderado, el ejercicio mejora la acción de la insulina y ayuda a controlar los niveles de glucosa en la sangre, los lípidos, la tensión arterial y el riesgo de enfermedades cardiovasculares, además de combatir el estrés y el insomnio y mejorar el estado anímico.

Consulte con su médico qué tipo de ejercicio le conviene más y siga nuestros consejos para incorporar más actividad a su vida cotidiana:

* Si es más bien sedentario, empiece poco a poco. Levantarse y estar de pie más a menudo (por ejemplo, cuando hable por teléfono) es un buen comienzo.

* Poco a poco podrá ir aumentando la intensidad con pequeñas actividades cotidianas, como subir escaleras o pendientes, bailar en el salón o trabajar en el jardín.

* Piense en alguna otra actividad que encaje en su vida cotidiana. Por ejemplo, salga a caminar con algún aliciente, como unos binoculares para observar aves, una cámara de fotos o la compañía de un amigo. Si no duerme bien, dar un paseo de 15 minutos después de cenar en primavera y verano le irá de maravilla.

* Si el gimnasio no es lo suyo —porque es caro, no le va bien el horario o está lejos de casa—, cómprese unas sencillas bandas elásticas o una máquina de remo y haga ejercicio en casa, incluso mientras mira la tele.

* Una o dos veces al día, intente acelerar la frecuencia cardiaca. Esto significa entrar en calor, quizá sudar un poco y notar cómo los pulmones trabajan un poco más. Para ello basta realizar algunas actividades cotidianas, como hacer limpieza en casa, lavar el coche o trabajar en el jardín. Intente esforzarse en sus quehaceres diarios y plantéese renunciar a algunos electrodomésticos para cansarse un poco, como utilizar la escoba en lugar del aspirador o lavar el coche a mano.

* Cuando tenga que salir a comprar el periódico o leche, por ejemplo, saque el coche solo si es necesario. Intente ir a pie o en bicicleta. Llevar la compra a casa es una magnífica manera de ponerse en forma, quemar calorías y ganar fuerza muscular.

* Si trabaja lejos de su lugar de residencia, bájese del autobús o el tren una parada antes y haga el resto del camino andando, o aparque el coche lejos del trabajo. Durante la jornada laboral, levántese siempre que pueda, acérquese a las mesas de sus colegas para hablar con ellos en lugar de hacerlo por teléfono o por correo electrónico, y utilice las escaleras en lugar del ascensor. En vez de quedarse a comer en el despacho, salga a que le dé un poco el aire.

Huevos Benedict con espárragos y jamón

Si los huevos con beicon son su perdición, pruebe esta alternativa rica en proteínas y grasas con la que aguantará hasta el almuerzo.

Kilocalorías 342 // Hidratos de carbono 15 g // Azúcares 3,3 g // Proteínas 20,6 g // Fibra 2,8 g // Grasas 25 g // Grasas saturadas 6 g // Sodio 960 mg

Cuando compre huevos, recuerde que los de las gallinas de corral son mucho más ricos en omega-3 que los de las gallinas de granja.

Consejo//

8 espárragos trigueros

4 huevos grandes

aceite en aerosol, para engrasar

8 lonchas (lonjas) de jamón serrano

100 g/½ taza de mayonesa baja en calorías

1 cucharada de mantequilla derretida

1 cucharadita colmada de mostaza de Dijon

1 cucharada de zumo (jugo) de limón

sal y pimienta, al gusto

2 bollos o panecillos integrales

1 pizca de cayena molida, para adornar

1. Cueza los espárragos al vapor 5 minutos, o hasta que empiecen a estar tiernos. Escúrralos y resérvelos.

2. Mientras tanto, escalfe los huevos en una cazuela con agua hirviendo a fuego lento hasta que las claras cuajen pero las yemas sigan estando líquidas. Deje escurrir los huevos sobre papel de cocina y resérvelos calientes.

3. Pulverice una sartén con aceite en aerosol y dore el jamón 1 minuto, o hasta que empiece a estar crujiente.

4. Ponga la mayonesa, la mantequilla, la mostaza y el zumo de limón en un bol, salpimiente y bátalo.

5. A continuación, abra los bollos por la mitad y tuéstelos un poco.

6. Unte la mayonesa condimentada sobre la parte cortada de los bollos y disponga encima de cada una 2 lonchas de jamón, 2 espárragos y 1 huevo escalfado. Adórnelo con la cayena y sírvalo enseguida.

Para 4 personas // Preparación: 10-15 minutos // Cocción: 15 minutos

Huevos escalfados con tomate

Sencillo e increíblemente rico, este plato rústico a base de huevos escalfados en salsa de tomate es perfecto para el desayuno o un almuerzo ligero.

Kilocalorías 312 // Hidratos de carbono 31 g // Azúcares 6,4 g // Proteínas 14,3 g // Fibra 4,5 g // Grasas 13 g // Grasas saturadas 3,5 g // Sodio 920 mg

1. Caliente el aceite de oliva a fuego medio-fuerte en una sartén grandey sofría la cebolla y el ajo, removiendo de vez en cuando, 5 minutos o hasta que se ablanden. Condimente el sofrito con la sal, la pimienta, la guindilla y el vino tinto, y prosiga con la cocción unos minutos, hasta que se evapore casi todo el líquido.

2. Añada el tomate con su jugo, llévelo a ebullición, baje el fuego a temperatura media-baja y cueza la salsa de 15 a 20 minutos, o hasta que se espese. Incorpore las hierbas aromáticas.

3. Haga cuatro hoyos en la salsa y casque con cuidado 1 huevo en cada uno. Tape la sartén y cuézalo a fuego suave entre 7 y 9 minutos, o hasta que las claras cuajen pero las yemas sigan estando líquidas.

4. Mientras tanto, precaliente el gratinador a temperatura media y tueste un poco el pan.

5. Ponga 1 rebanada de pan tostado en cada plato. Con cuidado, retire con una espátula los huevos y colóquelos sobre las tostadas. Reparta la salsa de tomate que haya quedado en la sartén alrededor de los huevos y esparza las aceitunas y el parmesano por encima. Sírvalo enseguida.

Para 4 personas // Preparación: 10-15 minutos // Cocción: 35-40 minutos

1 cucharada de aceite de oliva
1 cebolla pequeña en dados
2 dientes de ajo bien picados
½ cucharadita de sal
½ cucharadita de pimienta
¼ de cucharadita de copos de guindilla (chile) roja majados
4 cucharadas/¼ de taza de vino tinto
400 g/14½ oz de tomate (jitomate) troceado en conserva
2 cucharaditas de orégano, tomillo, albahaca, salvia y otras hierbas aromáticas frescas bien picadas
4 huevos
4 rebanadas gruesas de pan de hogaza integral (45 g/1½ oz cada una)
2 cucharadas de aceitunas de Kalamata bien picadas
4 cucharadas/¼ de taza de parmesano recién rallado

Los tomates son ricos en potasio, que controla la hipertensión, y también contienen muchos carotenos y vitaminas C y E. Los estudios confirman que nuestro cuerpo absorbe más fácilmente los valiosos nutrientes del tomate si se cocina con un poco de aceite.

Nota //

Huevos revueltos con espinacas en tostadas de pan de centeno

Con las espinacas y el pan de centeno, estos huevos revueltos resultan la mar de sanos, además de estar de rechupete.

Kilocalorías 247 / / Hidratos de carbono 18 g / / Azúcares 2,1 g / / Proteínas 15,3 g / / Fibra 2,8 g / / Grasas 12,4 g / / Grasas saturadas 4,8 g / / Sodio 880 mg

El delicioso pan de centeno regula la cantidad de glucosa en la sangre y mantiene a raya el apetito. Las espinacas son ricas en vitamina K, que refuerza los huesos, y en vitamina C, que favorece la absorción del abundante hierro de las espinacas y los huevos.

Nota / /

175 g/ 6 oz de espinacas tiernas troceadas
8 huevos
3 cucharadas de leche desnatada (descremada)
sal y pimienta, al gusto
1 cucharada de mantequilla
4 rebanadas de pan de centeno (40 g/1 oz cada una)
nuez moscada recién rallada, para adornar

1. Caliente una sartén grande a fuego fuerte y eche las espinacas. Saltéelas, removiendo, un par de minutos, o hasta que se ablanden. Apártelas del fuego, páselas a un escurridor y estrújelas para eliminar toda el agua posible. Resérvelas calientes.

2. Casque los huevos en un bol, vierta la leche y salpimiente. Bátalo un poco con un tenedor, hasta que los ingredientes queden mezclados.

3. Derrita la mantequilla en una sartén a fuego medio. Vierta el huevo y remueva hasta que empiece a cuajar. Eche las espinacas y remueva de nuevo hasta que el revuelto cuaje un poco.

4. Mientras tanto, precaliente el gratinador a temperatura media y tueste un poco el pan.

5. Reparta los huevos revueltos con espinacas sobre las tostadas, adórnelo con nuez moscada y sírvalo enseguida.

Para 4 personas / / Preparación: 10 minutos / / Cocción: 8-10 minutos

Hamburguesas de pavo con champiñones y tomate

Estas hamburguesas ricas en proteínas son una sana alternativa a las salchichas del desayuno, y también pueden servirse en la cena con patatas nuevas asadas.

Kilocalorías 239 // Hidratos de carbono 13,8 g // Azúcares 5 g // Proteínas 26 g // Fibra 2,7 g // Grasas 9,4 g // Grasas saturadas 2,2 g // Sodio 680 mg

400 g/14 oz de carne picada de pavo
1 cucharadita de sal
1 cucharadita de pimienta
1 cucharadita de tomillo
1 cucharadita de salvia
½ cucharadita de pimienta de Jamaica molida

3 dientes de ajo picados
4 cucharadas/¼ de taza de copos de avena
1 huevo mediano batido
1 cucharada de aceite de oliva suave
400 g/6½ tazas de champiñones oscuros en láminas
4 tomates (jitomates) en cuñas

1. En un bol, mezcle la carne con la sal, la pimienta, el tomillo, la salvia, la pimienta de Jamaica, el ajo, los copos de avena y el huevo. (El picadillo se conserva, tapado, en el frigorífico 12 horas como máximo).

2. Forme 8 hamburguesas pequeñas con el picadillo. Caliente 2 cucharaditas del aceite en una sartén antiadherente y ase las hamburguesas a fuego medio unos 4 minutos por cada lado, o hasta que se doren de manera uniforme y ya no estén rosadas por dentro. Páselas a una fuente y resérvelas calientes.

3. En la misma sartén, rehogue los champiñones 1 minuto, hasta que se ablanden. Vierta el aceite restante, eche el tomate y déjelo al fuego, sin remover, un par de minutos para que se caliente. Sirva las hamburguesas de pavo con los champiñones y el tomate.

Para 4 personas // Preparación: 15-20 minutos // Cocción: 15 minutos

Si tiene robot de cocina o picadora eléctrica, compre muslos de pavo y tritúrelos en casa. La carne oscura del muslo contiene más vitamina B, selenio, hierro y zinc que la blanca de la pechuga.

Consejo //

Tortitas de patata con salmón ahumado

Estas crujientes tortitas de patata cubiertas con nata agria y salmón ahumado son ideales para disfrutar sin prisas de un almuerzo ligero.

Kilocalorías 353 / / Hidratos de carbono 38 g / / Azúcares 4,4 g / / Proteínas 18,3 g / / Fibra 4,8 g / / Grasas 14,3 g / / Grasas saturadas 3,6 g / / Sodio 1000 mg

1. Precaliente el horno a 110 °C/225 °F o a la temperatura mínima. Forre una fuente refractaria con papel de cocina.

2. Por tandas, vaya poniendo la patata rallada encima de un paño de cocina, dóblelo y estrújelo para eliminar toda el agua posible.

3. Ponga la patata en un bol grande y añada la cebolla, los huevos, el pan rallado, la sal y pimienta. Mézclelo bien.

4. Caliente una sartén grande de base gruesa a fuego medio-fuerte. Vierta la mitad del aceite en la sartén y caliéntelo. Añada 2 cucharadas de la pasta de patata y aplánela en forma de tortita. Llene la sartén con las tortitas que quepan, pero dejando espacio suficiente entre ellas, y fríalas 2 o 3 minutos, o hasta que estén crujientes y doradas por abajo. Deles la vuelta sacudiendo la sartén o con una espátula, y dórelas un par de minutos por el otro lado.

5. Repita la operación hasta que termine la pasta y el aceite. Vaya poniendo las tortitas en la fuente preparada y resérvelas calientes en el horno.

6. Sirva las tortitas de patata calientes, cubiertas con la nata agria y el salmón ahumado. Adórnelas con cebollino.

Para 4 personas / / Preparación: 15-20 minutos / / Cocción: 8-10 minutos

600 g/1 lb 5 oz de patatas (papas) rojas ralladas
1 cebolla grande rallada
2 huevos un poco batidos
55 g/½ taza de pan integral rallado
1 cucharadita de sal
pimienta, al gusto
2 cucharadas de aceite de girasol
100 g/½ taza de nata (crema) agria baja en grasa
200 g/7 oz de salmón ahumado en lonchas (lonjas) finas
cebollino (cebollín) troceado, para adornar

Aunque parezca mentira, el sistema digestivo tarda más en digerir las patatas ralladas que las chafadas y, por tanto, se reduce el riesgo de padecer un pico de glucemia.

Nota / /

Almuerzo

Sopa de pollo con fideos chinos

La sopa de pollo con fideos es el plato casero perfecto. Además de baja en grasas, saturadas incluidas, es rica en proteínas y fibra.

Kilocalorías 336 / / Hidratos de carbono 35,9 g / / Azúcares 5 g / / Proteínas 30,6 g / / Fibra 5,3 g / / Grasas 7,7 g / / Grasas saturadas 1,7 g / / Sodio 680 mg

1. Caliente el aceite en una cazuela a fuego medio y rehogue la cebolla, el apio y la zanahoria, removiendo de vez en cuando, 8 minutos o hasta que las hortalizas estén tiernas pero no doradas.

2. Eche el ajo en la cazuela y continúe rehogando 1 minuto más. Añada el pollo, las judías verdes, el caldo y pimienta, y llévelo a ebullición. Baje el fuego y cuézalo 5 minutos.

3. Eche los fideos y, cuando el agua rompa de nuevo el hervor, cuézalos 5 minutos, o hasta que empiecen a estar tiernos. Adorne la sopa con las hojas de cilantro y sírvala enseguida.

Para 4 personas / / Preparación: 15 minutos / / Cocción: 25 minutos

1 cucharada de aceite de cacahuete (cacahuate, maní)
1 cebolla bien picada
2 ramas de apio bien picadas
1 zanahoria grande bien picada
2 dientes de ajo majados
400 g/14 oz de pechugas de pollo deshuesadas, sin piel y troceadas
150 g/1½ tazas de judías verdes (chauchas, ejotes) cortadas en trozos de 3 cm/1¼ in
1,2 litros/5 tazas de caldo de pollo bajo en sal
pimienta, al gusto
150 g/5½ oz de fideos chinos integrales al huevo
1 puñadito de hojas cilantro, para adornar

El aceite de cacahuete es excelente para freír porque presenta un buen equilibrio de grasas monoinsaturadas y poliinsaturadas, además de un sabor suave y un elevado punto de humo, al contrario que el aceite de oliva virgen.

Nota / /

Sopa de guisantes partidos con jamón

Al contrario que otras sopas, esta es rica en proteínas gracias a los guisantes. Se deja cocer lentamente para potenciar los sabores.

Kilocalorías 315 // Hidratos de carbono 47,1 g // Azúcares 8,1 g // Proteínas 24,1 g // Fibra 18,7 g // Grasas 4,4 g // Grasas saturadas 1,1 g // Sodio 760 mg

1. Enjuague los guisantes bajo el chorro de agua fría. Póngalos en una cazuela, cúbralos con agua y llévelos a ebullición. Cuézalos 3 minutos, espumando el agua si fuera necesario. Después, escurra los guisantes.

2. Caliente el aceite de oliva en una cazuela a fuego medio y rehogue la cebolla 3 o 4 minutos, removiendo de vez en cuando, hasta que empiece a ablandarse. Añada la zanahoria y el apio y siga rehogando 2 minutos más.

3. Eche los guisantes, vierta el caldo y el agua y remueva para mezclar los ingredientes.

4. Cuando la sopa rompa a hervir, eche el jamón. Añada el tomillo, la mejorana y el laurel. Baje el fuego, tape la sopa y cuézala a fuego lento de 1 a 1½ horas, hasta que los ingredientes estén tiernos. Retire el laurel.

5. Salpimiente. Reparta la sopa entre 8 boles precalentados y sírvala.

Para 8 personas // Preparación: 15 minutos // Cocción: 1¼-1¾ horas

500 g/2½ tazas de guisantes (arvejas, chícharos) partidos
1 cucharada de aceite de oliva
1 cebolla grande bien picada
1 zanahoria grande bien picada
1 rama de apio bien picada
1 litro/4 tazas de caldo de verduras bajo en sal
1 litro/4 tazas de agua
225 g/8 oz de jamón magro ahumado en daditos
¼ de cucharadita de tomillo
¼ de cucharadita de mejorana
1 hoja de laurel
sal y pimienta, al gusto

Los guisantes partidos se digieren fácilmente porque son ricos en almidón resistente, que regula la glucosa en la sangre. Además, contienen fibra soluble, una sustancia cardio-saludable que reduce el colesterol LDL («malo»).

Nota //

Sopa picante de garbanzos y pimiento rojo

Los garbanzos regulan los niveles de glucosa en la sangre y son saciantes, por lo que resultan un ingrediente ideal para esta rica sopa.

Kilocalorías 366 / / Hidratos de carbono 44,8 g / / Azúcares 10 g / / Proteínas 13,3 g / / Fibra 10,4 g / / Grasas 14,6 g / / Grasas saturadas 2,7 g / / Sodio 240 mg

2½ cucharadas de aceite de oliva

6 cebolletas (cebollas tiernas o de verdeo) picadas

1 guindilla (ají picante, chile, pimiento chico) roja fresca, sin las pepitas (semillas) y en rodajitas

4 dientes de ajo bien picados

2 cucharaditas de comino molido

1 cucharadita de guindilla (ají picante, chile, pimiento chico) molida

3 tomates (jitomates) maduros pelados y troceados

400 g/14 oz de pimientos (ajís, morrones, chiles) rojos asados conservados al natural, escurridos y en tiras finas

1 cucharada de pesto de pimiento (ají, morrón, chile) rojo

1 litro/4 tazas de caldo de verduras bajo en sal

400 g/15 oz de garbanzos (chícharos) cocidos, escurridos y enjuagados

1 cucharadita de stevia en polvo

2 cucharaditas de vinagre de vino tinto pimienta, al gusto

100 g/3½ tazas de espinacas tiernas

4 rebanadas de pan de avena (45 g/1½ oz cada una), para acompañar

1. Caliente el aceite en una cazuela a fuego medio y rehogue la cebolleta 2 o 3 minutos, removiendo de vez en cuando, hasta que se ablande.

2. Añada la guindilla en rodajitas, el ajo, el comino y la guindilla en polvo, y siga rehogando 1 minuto sin dejar de remover.

3. Incorpore el tomate, el pimiento, el pesto y el caldo, y llévelo a ebullición. Cuézalo 10 minutos y, a continuación, añada los garbanzos, la stevia y el vinagre. Sazone con pimienta y prosiga con la cocción 5 minutos más.

4. Incorpore las espinacas y déjelas ablandar 1 minuto. Sirva la sopa con el pan.

Para 4 personas / / Preparación: 15 minutos / / Cocción: 25 minutos

Para que la sopa quede más espesa, triture la mitad al final del paso 3 (antes de añadir las espinacas). Devuélvala a la cazuela con el resto de la sopa y remueva bien.

Consejo / /

Sopa cremosa de pescado

Esta sopa es una versión igual de sabrosa de la tradicional sopa cremosa de almejas de la costa este de Estados Unidos.

Kilocalorías 362 / / Hidratos de carbono 22,7 g / / Azúcares 6,7 g / / Proteínas 30,4 g / / Fibra 2,3 g / / Grasas 15,5 g / / Grasas saturadas 5 g / / Sodio 1080 mg

1. Caliente el aceite en una cazuela grande a fuego medio y eche la cebolla y la panceta. Rehóguelas de 8 a 10 minutos, hasta que la cebolla esté tierna y la panceta, dorada. Incorpore la harina y siga rehogando 2 minutos más.

2. Vierta el caldo y llévelo a ebullición a fuego suave. Eche la patata, tape la sopa y cuézala de 10 a 12 minutos, hasta que la patata esté tierna y cocida.

3. Añada el azafrán y la cayena a la sopa, sazone con pimienta e incorpore la leche. Agregue el pescado y prosiga con la cocción a fuego suave 4 minutos.

4. Eche los mejillones y deje la sopa al fuego unos 2 minutos más para que se calienten. Sírvala enseguida.

Para 4 personas / / Preparación: 10 minutos / / Cocción: 30-35 minutos

1 cucharada de aceite vegetal

1 cebolla grande picada

80 g/2¾ oz de panceta (beicon, tocino) curada, en dados

1 cucharada de harina

625 ml/2½ tazas de caldo de pescado hecho con 1 cubito de caldo

225 g/8 oz de patatas (papas) nuevas pequeñas partidas por la mitad

unas hebras de azafrán

1 pizca de cayena molida, pimienta

300 ml/1¼ tazas de leche semidesnatada (semidescremada)

200 g/7 oz de filetes de bacalao, fletán u otro pescado blanco y 150 g/5½ oz de filete de salmón, en dados

200 g/7 oz de mejillones cocidos sin las valvas

Como la panceta y el caldo de pescado son ricos en sodio, no es necesario salar la sopa. Puede sustituir el azafrán por ½ cucharadita de pimentón dulce.

Consejo / /

Minipizzas con tomate y aceitunas negras

No hay nada como un plato sustancioso a base de pan, queso y jamón crujiente que resulte tan apetitoso como nutritivo.

Kilocalorías 367 // Hidratos de carbono 38,6 g // Azúcares 10,3 g // Proteínas 25,8 g // Fibra 7,1 g // Grasas 11,7 g // Grasas saturadas 5,3 g // Sodio 920 mg

Estas minipizzas son ricas en fibra porque llevan varias capas de hortalizas y, además, los panecillos que hacen de base son integrales.

Nota //

2 bollos o panecillos integrales
125 g/½ taza de salsa envasada de tomate (jitomate) con champiñones
1 tomate (jitomate) en rodajas
80 g/1¼ tazas de champiñones oscuros en láminas
1 pimiento (ají, morrón, chile) verde o amarillo asado en conserva, escurrido y cortado en tiras (100 g/3½ oz peso escurrido)
2 lonchas (lonjas) de jamón serrano partidas por la mitad
125 g/4½ oz de mozzarella baja en grasa en rodajas
8 aceitunas negras sin el hueso y en rodajitas

1. Precaliente el horno a 180 ºC/350 ºF. Abra los bollos por la mitad y póngalos, con la parte cortada hacia arriba, en la bandeja del horno.

2. Unte los panecillos con una fina capa de salsa de tomate y disponga encima las rodajas de tomate y las láminas de champiñones.

3. Reparta el pimiento por encima y, por último, coloque el jamón serrano, la mozzarella y las aceitunas.

4. Cueza las minipizzas en el horno 15 minutos, o hasta que el queso se derrita y los bollos se tuesten. Sírvalas enseguida.

Para 2 personas // Preparación: 10 minutos // Cocción: 15 minutos

Burritos de carne de cerdo

El cerdo asado en el horno es exquisito, y más aún si lo mezcla con estos ingredientes. Si sobrara carne, congélela para otro día.

Kilocalorías 467 // Hidratos de carbono 43,8 g // Azúcares 10,1 g // Proteínas 24,3 g // Fibra 3,9 g // Grasas 17,1 g // Grasas saturadas 1,2 g // Sodio 920 mg

1. Precaliente el horno a 220 °C/425 °F. Forre una fuente refractaria con un trozo de papel de aluminio lo bastante grande como para envolver la paletilla. Póngala en la fuente, frótele bien la piel con ½ cucharadita de la sal y 1 cucharadita del pimentón, y ásela en el horno precalentado, sin envolverla, 30 minutos.

2. Baje la temperatura del horno a 150 °C/300 °F. Vuelva a frotar la piel de la paletilla con la sal y el pimentón restantes, el azúcar y la mostaza. Vierta el caldo y envuelva la paletilla holgadamente con el papel de aluminio. Ásela 3 horas más, o hasta que la carne esté tierna y al pincharla con un tenedor se separe del hueso con facilidad.

3. Suba la temperatura a 425 °F/220 °C y deje la paletilla en el horno 20 minutos más, hasta que se dore por fuera. Después, sáquela del horno y déjela reposar, envuelta, 30 minutos.

4. Desmenuce la carne con dos tenedores. Rocíela con el jugo que haya soltado y remueva. Reserve 400 g/3 tazas de la carne para hacer los burritos.

5. Reparta la carne, la lechuga, la cebolleta, el pepino, el cilantro, la guindilla, la salsa de guindilla y el zumo de lima entre las tortillas. Sirva los burritos enseguida.

Para 4 personas // Preparación: 20 minutos // Cocción: 3 horas 50 minutos, más reposo

1 paletilla de cerdo pequeña (1 kg/2¼ lb) sin la piel
1 cucharadita de sal
2 cucharaditas de pimentón dulce
2 cucharaditas de azúcar moreno apelmazado
1 cucharadita de mostaza de Dijon
100 ml/½ taza de caldo de pollo bajo en sal

Para servir
8 hojas de lechuga
6 cebolletas (cebollas tiernas o de verdeo) picadas
¼ de pepino en dados
20 g/½ taza de hojas de cilantro
1 guindilla (chile, ají picante, pimiento chico) roja poco picante en rodajas
3 cucharadas de salsa de guindilla (chile, ají picante, pimiento chico)
el zumo (jugo) de ½ lima (limón)
4 tortillas multicereales

Si sobrara carne, mézclela con ensalada y obtendrá un magnífico relleno para bocadillos o pan de pita.

Consejo //

Burritos de pollo con maíz

Los burritos son un plato divertido que permite jugar con los ingredientes. Pruébelos con alubias negras en lugar de pintas o pavo en vez de pollo.

Kilocalorías 361 // Hidratos de carbono 39,2 g // Azúcares 4,6 g // Proteínas 22,1 g // Fibra 6,2 g // Grasas 12,6 g // Grasas saturadas 4,1 g // Sodio 520 mg

Nota //

Estos entrantes tienen un perfil nutricional casi perfecto: son bajos en grasas, saturadas incluidas, y ricos en proteínas, fibra y almidón resistente que ayuda a equilibrar los niveles de glucosa en la sangre.

1 cucharada de aceite de oliva
225 g/8 oz de pechuga de pollo sin hueso ni piel y en tiras
125 g/¾ de taza de maíz (elote, choclo) dulce
100 g/⅔ de taza de alubias (porotos, frijoles) pintas cocidas, escurridas y enjuagadas
100 g/⅔ de taza de quinoa cocida
2 cucharaditas de salsa de guindilla (ají picante, pimiento chico, chile)
el zumo (jugo) de 1 lima (limón)
100 g/½ taza de queso cremoso al ajo y hierbas aromáticas bajo en calorías
100 g/1½ tazas de repollo en tiras finas
pimienta, al gusto
4 tortillas integrales de trigo
20 g/½ taza de hojas de cilantro

1. Caliente el aceite a fuego fuerte en una sartén antiadherente y rehogue el pollo un par de minutos, hasta que se dore. Eche el maíz y las alubias y siga rehogando hasta que el maíz empiece a dorarse.

2. Añada la quinoa, la salsa de guindilla, el zumo de lima, el queso y el repollo, y sazone con pimienta al gusto. Siga rehogando a fuego medio-fuerte unos minutos, hasta que el queso se derrita.

3. Reparta el relleno entre las tortillas, esparza el cilantro por encima y enróllalas. Sirva los burritos enseguida.

Para 4 personas // Preparación: 10 minutos // Cocción: 8-10 minutos

10 superalimentos para diabéticos

1. Legumbres

Garbanzos, lentejas y alubias son ricos en fibra soluble e insoluble y en almidón resistente; poseen una buena proporción de hidratos de carbono y proteínas; su IG es del orden de 30, y contienen vitaminas y minerales esenciales: por todo ello son un alimento muy completo para diabéticos. Los estudios demuestran que el consumo habitual de legumbres reduce el riesgo cardiovascular, regula el nivel de glucosa en la sangre y reduce la tensión arterial.

2. Pescado azul

El pescado azul, como el salmón, la caballa y el atún fresco, es muy rico en ácidos grasos omega-3, que previenen cardiopatías mejorando el perfil lipídico, ralentizan el crecimiento de placas arteriales, reducen la tensión arterial y tienen propiedades antiinflamatorias. Además es rico en vitamina D, cuyo déficit podría estar relacionado con la diabetes tipo 2.

3. Frutos secos

Hay indicios de que los frutos secos podrían regular la glucosa en la sangre en casos de diabetes tipo 2 y reducir el colesterol LDL (lipoproteínas de baja densidad o «malo»), e incluso ayudar a adelgazar. Los frutos secos tienen un IG bajo y atesoran nutrientes importantes, como grasas poliinsaturadas y monoinsaturadas, magnesio y vitamina E.

4. Semillas

La linaza, los piñones y las pipas de girasol y de calabaza contienen ácidos grasos esenciales y grasas monoinsaturadas. La linaza es rica en ALA (ácido alfa-linolénico), un ácido graso omega-3 que podría prevenir cardiopatías, apoplejías y procesos inflamatorios. La incorporación de linaza en la dieta reduce los niveles de glucosa en la sangre, la tensión arterial, el colesterol total y el colesterol LDL.

5. Avena

La avena es rica en fibra soluble e insoluble, que ayuda a metabolizar las grasas, mantiene el tracto digestivo en buen estado y estabiliza la glucosa en sangre retardando la velocidad a la que se vacía el estómago. Comparada con otros cereales, la avena tiene más fibra soluble, que reduce el colesterol LDL y previene las cardiopatías.

6. Frutos del bosque

Son las frutas con el menor IG y ayudan a regular el nivel de glucosa en la sangre. También son ricas en unos compuestos vegetales llamados antocianinas. Según un amplio estudio del *American Journal of Clinical Nutrition*, el consumo habitual de frutos rojos reduce hasta un 23 % las posibilidades de desarrollar diabetes tipo 2. Las frambuesas contienen ácido elágico, que reduce la resistencia a la insulina y los niveles de glucosa en la sangre y combate la inflamación.

7. Verduras

Verduras como la col, las espinacas, las acelgas y el brócoli contienen abundantes compuestos antioxidantes (como luteína y zeaxantina, que protegen la vista), vitaminas y calcio, que preservan la densidad ósea. Las verduras reducen la tensión arterial, y el sulforafano, un compuesto vegetal del brócoli, previene el daño que la diabetes provoca en los vasos sanguíneos.

8. Yogur

El yogur y otros lácteos, como la leche desnatada y el queso curado, fortalecen los huesos, reducen la tensión arterial y ayudan a quemar grasas. Al parecer, el calcio que contienen podría amalgamarse con la grasa y prevenir su absorción. El yogur con cultivos vivos o «probiótico» también refuerza el sistema inmunológico y previene la diabetes tipo 2.

9. Aguacate

El aguacate contiene ácido oleico, una grasa monoinsaturada cardiosaludable que regula el colesterol y el perfil lipídico, reduce el riesgo de cardiopatías y podría prevenir la diabetes tipo 2. Esta fruta también es rica en potasio, que reduce la tensión arterial.

10. Tomate

Al contrario que muchas otras frutas, el tomate posee un IG moderado de 55 o inferior, así como una baja CG por sus pocas calorías. Los dietistas recomiendan a los diabéticos comer tomate fresco a modo de fruta para saciar el apetito. El consumo habitual reduce la tensión arterial, y los estudios demuestran que también podría prevenir las cardiopatías asociadas a la diabetes tipo 2.

Quiche sin rebordes de calabacín y habas

Ideal para el verano, esta quiche baja en grasa y calorías está hecha con una fina base de harina integral de espelta y no tiene rebordes.

Kilocalorías 412 // Hidratos de carbono 37,7 g // Azúcares 4,7 g // Proteínas 16,8 g // Fibra 7,1 g // Grasas 19 g // Grasas saturadas 7 g // Sodio 1000 mg

1. Con las puntas de los dedos, trabaje con suavidad la harina con la margarina en un bol grande hasta que adquiera una textura parecida a la del pan rallado. Añada la sal y el agua, trabaje la masa para ligarla y dele forma de bola. Envuélvala en film transparente y refrigérela 30 minutos.

2. Precaliente el gratinador a temperatura máxima. Ponga el calabacín en la bandeja del horno y pulverícelo con aceite en aerosol. Áselo bajo el gratinador hasta que se chamusque un poco y esté tierno, dándole la vuelta a mitad de la cocción. Cueza las habas al vapor hasta que empiecen a estar tiernas. Ponga en un bol los huevos, la leche, el queso y la menta, salpimiente y remuévalo.

3. Precaliente el horno a 375 ºC/190 ºC. Extienda la masa en la encimera enharinada formando un círculo. Con un molde para tarta de 20 cm/8 in de diámetro, córtela en un redondel.

4. Forre la base del molde con el redondel de masa y pínchela varias veces con un tenedor. Cúbrala con papel vegetal, esparza unas legumbres secas por encima y cuézala en el horno precalentado 15 minutos. A continuación, retire las legumbres y el papel y hornee la masa 5 minutos más.

5. Pulverice las paredes del molde con aceite en aerosol. Reparta de modo uniforme el calabacín, las habas y la patata sobre la base de la quiche y vierta con cuidado la crema de huevo por encima. Hornéela 25 minutos, o hasta que el relleno cuaje pero aún conserve un punto jugoso y se dore por arriba.

6. Deje reposar la quiche 15 minutos en el molde. Sírvala templada o fría con las hojas de ensalada.

Para 4 personas // Preparación: 25 minutos, más refrigeración // Cocción: 1 hora, más enfriado

135 g/1¼ tazas de harina de espelta (escanda, trigo salvaje), y un poco más para espolvorear
65 g/5 cucharadas de margarina de barra troceada
½ cucharadita de sal
2 cucharadas de agua
250 g/9 oz de calabacín (zapallito) en bastoncillos de 5 mm/¼ in
aceite en aerosol, para engrasar
100 g/⅔ de taza de habas, 3 huevos
250 ml/1 taza de leche semidesnatada (semidescremada)
25 g/¼ de taza de parmesano recién rallado
2 cucharadas de menta picada
sal y pimienta, al gusto
1 pizca de nuez moscada recién rallada
125 g/4½ oz de patatas (papas) nuevas pequeñas, sin pelar, en dados de 1 cm/½ in
200 g/7 tazas de hojas de ensalada, para acompañar

Es mejor que las habas sean tiernas para utilizarlas desvainadas y sin necesidad de pelarlas, puesto que la piel contiene buena parte de la fibra de estas legumbres cuyo IG es muy bajo.

Consejo //

Ensalada de aguacate, alcachofa y almendras

Esta magnífica ensalada está hecha con ingredientes sanos, ricos en grasas monoinsaturadas cardiosaludables y en fibra.

Kilocalorías 364 / / Hidratos de carbono 31 g / / Azúcares 4,1 g / / Proteínas 9 g / / Fibra 13,4 g / / Grasas 24 g / / Grasas saturadas 3 g / / Sodio 560 mg

1 lechuga romana roja pequeña sin las hojas
    más duras
6 corazones de alcachofa (alcaucil) al natural
    en conserva, escurridos y secos
1 pimiento (ají, morrón, chile) amarillo
    pequeño sin las pepitas (semillas)
    y en tiras finas
2 aguacates (paltas) maduros pelados,
    sin el hueso (carozo) y en cuñas
50 g/1¾ tazas de canónigos u otras hojas
    de ensalada con un punto picante
40 g/⅓ de taza de almendra fileteada

4 rábanos bien picados
8 biscotes integrales de centeno,
    para acompañar

Aliño
3 cucharadas de vinagre (aceto) balsámico
1 cucharada de aceite de oliva
½ cucharadita de sal
sal y pimienta, al gusto

1. Corte 1½ cm/½ in de la base de la lechuga, separe las hojas externas y resérvelas. Corte el corazón a lo largo en 8 trozos y dispóngalos en una fuente de servir con las hojas reservadas.

2. Parta los corazones de alcachofa por la mitad y páselos a la fuente con el pimiento y el aguacate.

3. Esparza los canónigos, la almendra y el rábano por encima de la ensalada.

4. Para preparar el aliño, ponga el vinagre, el aceite y la sal en un cuenco, salpimiente y bata bien con las varillas. Aliñe la ensalada y sírvala enseguida con los biscotes.

Para 4 personas / / Preparación: 15 minutos / /
Cocción: ninguna

Elija corazones de alcachofa en aceite o al natural, pero evítelos si están en salmuera. Los canónigos u otras verduras con un punto picante le van muy bien a esta la ensalada.

Consejo / /

Ensalada de berenjena y pimiento

Esta ensalada templada concentra un punto ahumado, texturas variadas y sabores especiados en un mismo plato.

Kilocalorías 475 // Hidratos de carbono 56,3 g // Azúcares 10,6 g // Proteínas 12,9 g // Fibra 14,1 g // Grasas 19,8 g // Grasas saturadas 2,5 g // Sodio 680 mg

1. Precaliente el gratinador a temperatura máxima. Corte las berenjenas en láminas de 1 cm/½ in de grosor, píntelas con el aceite por ambas caras y dispóngalas en la rejilla del gratinador. Disponga también el pimiento. Ase las hortalizas bajo el gratinador hasta que la berenjena empiece a chamuscarse; dele la vuelta, y siga asándolas hasta que la berenjena esté tierna y el pimiento un poco hecho y chamuscado. Saque las hortalizas asadas del gratinador, pero no lo apague.

2. Corte la berenjena en trocitos y póngalos en una fuente de servir con el pimiento, los garbanzos y la cebolla roja.

3. Para preparar el aliño, mezcle en un cuenco el aceite con el zumo de limón, el cilantro, el comino, el pimentón, la stevia, sal y pimienta. Eche los tallos de cilantro y mézclelo todo bien. Reparta el aliño de manera uniforme por encima de la ensalada y remueva; procure aliñar la ensalada antes de que se enfríen las hortalizas.

4. Mientras tanto, tueste el pan de pita bajo el gratinador.

5. Esparza las hojas de cilantro por encima de la ensalada y sírvala con los panes de pita.

Para 4 personas // Preparación: 15 minutos // Cocción: 20 minutos

2 berenjenas
2 cucharadas de aceite de oliva
2 pimientos (ajís, morrones, chiles) rojos sin las pepitas (semillas) y en 6 trozos cada uno
400 g/15 oz de garbanzos (chícharos) cocidos, escurridos y enjuagados
1 cebolla roja bien picada
4 panes de pita integrales, para acompañar

Aliño
3 cucharadas de aceite de oliva
el zumo (jugo) de ½ limón
1 cucharadita de cilantro molido
1 cucharadita de comino molido
2 cucharaditas de pimentón ahumado
1 cucharadita de stevia en polvo
sal y pimienta, al gusto
1 manojito de cilantro, con las hojas separadas y los tallos picados

Según los estudios, una dieta rica en legumbres, como los garbanzos, reduce la glucosa en la sangre de los pacientes con diabetes tipo 2, más que una dieta rica en alimentos integrales.

Nota //

1

2

2

Ensalada de ternera, rúcula y parmesano

Aunque esta ensalada templada se prepare en un momento, tiene mil gustos. El chuletón es uno de los cortes de carne más sabrosos.

Kilocalorías 413 // Hidratos de carbono 20,4 g // Azúcares 4,4 g // Proteínas 36 g // Fibra 3,4 g // Grasas 17,4 g // Grasas saturadas 5,3 g // Sodio 480 mg

1. Caliente una parrilla estriada y ase los chuletones 2 minutos. Deles la vuelta y áselos 1 minuto más si le gusta la carne entre poco hecha y al punto. Si la prefiere hecha, áselos 3 minutos por un lado y 1½ minutos por el otro; si le gusta muy hecha, áselos 3½ minutos por un lado y 2 minutos por el otro.

2. Pase los chuletones a un plato, cúbralos y déjelos reposar 5 o 6 minutos. Mientras tanto, reparta la rúcula, los berros y el tomate entre 4 platos.

3. Para preparar el aliño, mezcle en un cuenco el vinagre, el zumo de limón, el aceite, el ajo, la sal y pimienta.

4. Añada al aliño el jugo que haya soltado la carne asada en el plato. En una tabla, corte los chuletones en tiras de 1 cm/½ in de ancho y repártalas entre los platos. Añada al aliño el jugo que haya quedado en la tabla de cortar y viértalo por encima de las ensaladas.

5. Adorne las ensaladas con las virutas de parmesano y sírvalas enseguida con el pan.

Para 4 personas // Preparación: 10 minutos // Cocción: 5-8 minutos, más reposo

4 chuletones de ternera (150 g/5½ oz cada uno) con la grasa recortada
70 g/2½ tazas de rúcula
70 g/2½ tazas de berros u otras hojas de ensalada con un punto picante
4 tomates (jitomates) en cuñas
40 g/1½ oz de virutas de parmesano, para adornar
4 rebanadas de pan integral con semillas (40 g/1½ oz cada una), para acompañar

Aliño
3 cucharadas de vinagre (aceto) balsámico
el zumo (jugo) de ½ limón
2 cucharadas de aceite de oliva
1 diente grande de ajo majado
½ cucharadita de sal
pimienta, al gusto

La carne de ternera es rica en proteínas, que mantienen a raya el apetito. También aporta hierro de fácil absorción, que compensa la tendencia a la anemia de los diabéticos, y vitaminas del grupo B, que les suelen faltar.

Nota //

Ensalada de caballa ahumada, remolacha y patatas nuevas

Tal como como demuestra esta original ensalada, la caballa ahumada y la remolacha combinan a las mil maravillas.

Kilocalorías 435 / / Hidratos de carbono 26 g / / Azúcares 10 g / / Proteínas 24,6 g / / Fibra 5,8 g / / Grasas 26,9 g / / Grasas saturadas 5,2 g / / Sodio 880 mg

1. Precaliente el horno a 180 °C/350 °F. Forre una fuente refractaria con papel de aluminio. Ponga la remolacha en un bol.

2. En un cuenco, emulsione el aceite con el vinagre y vierta algo menos de la mitad en el bol con la remolacha. Remueva bien para que esta se empape y póngala a un lado de la fuente preparada. Devuelva el aliño que haya quedado en el bol de la remolacha al cuenco. Ase la remolacha 25 minutos en el horno precalentado.

3. Mientras tanto, cueza las patatas en una cazuela con agua hirviendo hasta que empiecen a estar tiernas. Escúrralas, dispóngalas en la fuente junto a la remolacha y pulverícelas con aceite en aerosol. Dele la vuelta a la remolacha y ase las hortalizas 20 minutos, o hasta que la remolacha esté hecha y las patatas algo crujientes por fuera. Déjelas enfriar un poco.

4. Mientras tanto, disponga la rúcula en una fuente de servir y desmenuce la caballa por encima. Añada la remolacha, las patatas y el rábano. Mezcle el jugo que haya quedado en la fuente con el aliño reservado y rocíelo por encima de la ensalada. Sazónela con pimienta recién molida y sírvala antes de que la remolacha y las patatas se enfríen.

Para 4 personas / / Preparación: 10 minutos / / Cocción: 45 minutos, más enfriado

500 g/1 lb 2 oz de remolachas (betarragas) peladas y en cuartos

2½ cucharadas de aceite de oliva

2 cucharadas de vinagre (aceto) balsámico

300 g/10½ oz de patatas (papas) nuevas pequeñas sin pelar

aceite en aerosol, para engrasar

70 g/2½ tazas de rúcula

375 g/13 oz de filetes de caballa ahumada

8 rábanos en rodajitas

pimienta, al gusto

Muchos diabéticos son también hipertensos. Se ha demostrado que el consumo habitual de remolacha reduce la tensión arterial, mientras que la caballa es rica en ácidos grasos omega-3, que son cardiosaludables.

Nota / /

Ensalada de atún y lentejas

Un plato rebosante de proteínas a base de atún, lentejas, tomate y cebolla roja para rendir toda la tarde.

Kilocalorías 225 / / Hidratos de carbono 15,7 g / / Azúcares 3,2 g / / Proteínas 16,2 g / /
Fibra 5,9 g / / Grasas 14,1 g / / Grasas saturadas 1,9 g / / Sodio 200 mg

2 tomates (jitomates) maduros	**Aliño**
1 cebolla roja pequeña	3 cucharadas de aceite de oliva virgen
400 g/2 tazas de lentejas pardinas o verdinas cocidas	1 cucharada de zumo (jugo) de limón
	1 cucharadita de mostaza a la antigua
140 g/5 oz de atún al natural en conserva, escurrido	1 diente de ajo majado
	½ cucharadita de comino molido
2 cucharadas de cilantro picado	½ cucharadita de cilantro molido
pimienta, al gusto	

1. Con un cuchillo afilado, retíreles las pepitas a los tomates y córtelos en daditos. Pique bien la cebolla.

2. Para preparar el aliño, ponga los ingredientes en un cuenco y bátalos con las varillas hasta que queden emulsionados. Resérvelo.

3. En un bol, mezcle la cebolla con el tomate y las lentejas.

4. Desmenuce el atún con un tenedor y mézclelo con la ensalada. Incorpore el cilantro y remueva bien.

5. Aliñe la ensalada y sazónela con pimienta. Sírvala enseguida.

Para 4 personas / / Preparación: 15 minutos / / Cocción: ninguna

Las lentejas, sobre todo las variedades negra, pardina y verdina, son uno de los alimentos más nutritivos, y su gran contenido en fibra, parte de ella soluble, previene la diverticulosis y otros trastornos digestivos.

Nota / /

Tortitas de cangrejo al curry con guacamole

Una vez preparados los ingredientes, estas tortitas se hacen en un momento y combinan a la perfección con el toque ácido del guacamole.

Kilocalorías 362 // Hidratos de carbono 40 g // Azúcares 3,9 g // Proteínas 23,7 g // Fibra 7,7 g // Grasas 14 g // Grasas saturadas 2,3 g // Sodio 520 mg

1. Mezcle la carne de cangrejo con el maíz, el panko, el huevo, la mayonesa, el yogur, el cebollino, la mostaza, el curry y la pimienta.

2. Trabaje la pasta con las manos y forme 8 tortitas. Pulverice una sartén antiadherente con aceite en aerosol, caliéntela a fuego medio-fuerte y ase las tortitas 4 minutos, sin darles la vuelta ni moverlas.

3. Mientras tanto, prepare el guacamole. Retírele el hueso al aguacate, pélelo, trocéelo y cháfelo un poco en un bol. Añada el tomate, el zumo de lima, el cilantro, la guindilla y la cebolleta, y remueva.

4. Pulverice la parte superior de las tortitas con aceite en aerosol y deles la vuelta con cuidado con una espátula. Áselas otros 3 minutos, o hasta que se doren bien. Sírvalas enseguida con el guacamole.

Para 4 personas // Preparación: 20 minutos // Cocción: 8 minutos

300 g/10½ oz de carne blanca de cangrejo
150 g/1 taza de maíz (elote, choclo) dulce escurrido
100 g/1 taza de pan rallado panko integral, 1 huevo grande batido
1½ cucharadas de mayonesa baja en calorías y de yogur griego desnatado (descremado)
2 cucharadas de cebollino (cebollín) picado
2 cucharaditas de mostaza de Dijon
1 cucharadita de curry en polvo
¼ de cucharadita de pimienta
aceite en aerosol, para engrasar

Guacamole
1 aguacate (palta) grande maduro
1 tomate (jitomate) bien picado
el zumo (jugo) de ½ lima (limón)
1 puñadito de hojas de cilantro
½ guindilla (chile) roja fresca sin las pepitas (semillas) y bien picada
3 cebolletas (cebollas tiernas) picadas

Encontrará panko, pan rallado japonés, tanto blanco como integral, en establecimientos de alimentación asiáticos o en Internet. Ligero y escamado, aporta a estas tortitas de cangrejo una textura irresistible.

Nota //

Cena

Chili con carne

Con unos pequeños cambios, un plato sustancioso como este se transforma por arte de magia en una opción de lo más saludable.

Kilocalorías 622 / / Hidratos de carbono 82,4 g / / Azúcares 8,4 g / / Proteínas 35,3 g / /
Fibra 11,3 g / / Grasas 16 g / / Grasas saturadas 3,1 g / / Sodio 640 mg

1. Caliente el aceite en una sartén antiadherente grande a fuego medio-fuerte y rehogue la carne unos minutos, removiendo de vez en cuando, hasta que se dore de modo uniforme.

2. Aparte la carne a un lado de la sartén y eche la cebolla, el apio y el ajo. Baje el fuego a medio-lento, tape la sartén y cuézalo 5 minutos, o hasta que las hortalizas estén tiernas pero no doradas.

3. Añada el pimiento, el tomate, el concentrado, la pasta de guindilla, los copos, el cilantro, el comino, ½ cucharadita de la sal y pimienta, y llévelo a ebullición. Baje el fuego al mínimo, tápelo de nuevo y cuézalo 25 minutos.

4. Mientras tanto, cueza el arroz con la sal restante siguiendo las instrucciones del envase hasta que esté tierno. Escúrralo.

5. Añada los champiñones y las alubias a la carne y remueva. Llévelo a ebullición y cuézalo 5 minutos más. Adorne el plato con el perejil y sírvalo enseguida, acompañado del arroz.

Para 4 personas / / Preparación: 15-20 minutos / /
Cocción: 45 minutos

1 cucharada de aceite vegetal
400 g/14 oz de redondo o solomillo
   de buey (carne vacuna) picados
1 cebolla grande, 2 ramas de apio
   y 3 dientes de ajo, bien picados
1 pimiento (ají, chile) verde grande,
   sin las pepitas (semillas) y troceado
400 g/14½ oz de tomate (jitomate)
   troceado en conserva y 1 cucharada de concentrado de tomate
2 cucharadas de pasta de guindilla
1-2 cucharaditas de copos de
   guindilla majados
½ cucharadita de cilantro molido
½ cucharadita de comino molido
1 cucharadita de sal
pimienta, al gusto
300 g/1⅔ tazas de arroz largo
   integral (preferiblemente basmati)
200 g/3 tazas de champiñones
   laminados
400 g/15 oz de alubias (porotos) rojas
   cocidas, escurridas y enjuagadas
2 cucharadas de perejil picado,
   para adornar

El contenido de grasa de la carne picada de buey es variable. Si lo pone en la etiqueta, cómprela con un 10 % de grasa, o lo más roja posible. Si fuera más grasa contendría más grasas saturadas, y si fuera más magra, quedaría seca.

Consejo / /

Espaguetis con albóndigas

Rebosante de sabores y texturas reconfortantes, este plato consistente y económico es perfecto para las noches frías de otoño o invierno.

Kilocalorías 585 // Hidratos de carbono 74,5 g // Azúcares 11,7 g // Proteínas 36,4 g // Fibra 8 g // Grasas 16,4 g // Grasas saturadas 4,1 g // Sodio 600 mg

1. Mezcle el pan con la leche y déjelo en remojo unos minutos. Páselo a un bol grande y eche la carne, la cebolla, el ajo, el perejil y las semillas de hinojo. Salpimiente y mezcle bien. Forme 16 albóndigas con el picadillo y vaya poniéndolas en un plato.

2. Caliente el aceite en una sartén grande con tapa. Fría las albóndigas, sin tapar, a fuego medio-fuerte unos minutos, dándoles la vuelta de vez en cuando, hasta que empiecen a dorarse. Retírelas con una espumadera y resérvelas tapadas en un plato.

3. A continuación, prepare la salsa. Baje el fuego a temperatura media, eche el calabacín en la sartén y rehóguelo un par de minutos. Añada el ajo y déjelo unos segundos más al fuego.

4. Agregue el tomate, el concentrado, el jarabe de arce y el vinagre. Remuévalo bien y llévelo a ebullición a fuego suave. Tape la salsa y cuézala 15 minutos. Destápela y prosiga con la cocción, removiendo de vez en cuando, 10 minutos más.

5. Devuelva las albóndigas a la sartén y remueva para que se impregnen de la salsa. Déjelas al fuego otros 10 minutos, o hasta que se evapore la mitad del líquido y la salsa quede espesa.

6. Mientras tanto, ponga a hervir una olla de agua con un poco de sal. Eche los espaguetis y, cuando vuelva a romper el hervor, cuézalos de 8 a 10 minutos, o hasta que estén al dente Escurra los espaguetis, póngalos en una fuente de servir y cúbralos con la salsa de tomate y las albóndigas. Adórnelo con hojas de albahaca y sírvalo enseguida.

Para 4 personas // Preparación: 25-30 minutos // Cocción: 50 minutos

50 g/1 taza de pan recién rallado

50 ml/¼ de taza de leche desnatada (descremada)

400 g/14 oz de carne de cerdo magra recién picada

1 cebolla bien picada

2 dientes de ajo majados

2 cucharadas de perejil picado

2 cucharaditas de semillas de hinojo majadas

sal y pimienta, al gusto

1 cucharada de aceite de oliva

300 g/10½ oz de espaguetis de espelta (escanda, trigo salvaje) o integrales de trigo

hojas de albahaca, para adornar

Salsa

125 g/4½ oz de calabacín (zapallito) rallado grueso

3 dientes de ajo bien rallados

800 g/28 oz de tomate (jitomate) troceado en conserva

1 cucharada de concentrado de tomate (jitomate)

1 cucharadita de jarabe de arce y 1 de vinagre de vino tinto

Si aún no ha probado los espaguetis de espelta, ahora es el momento. Tienen un delicioso sabor a frutos secos y una textura similar a la pasta integral de trigo.

Consejo //

Buey marinado al estilo chino con fideos

La falda es un corte poco utilizado que se presta a los sabores asiáticos. Está lista en un momento, igual que otros cortes más caros de carne de vacuno.

Kilocalorías 533 // Hidratos de carbono 60 g // Azúcares 4 g // Proteínas 38,8 g // Fibra 6 g // Grasas 16,4 g // Grasas saturadas 4,8 g // Sodio 360 mg

1. Para preparar la marinada, mezcle todos los ingredientes en un cuenco.

2. Ponga la carne en un bol poco hondo que no sea metálico del tamaño justo para que quepa, rocíela con la marinada y cúbrala con film transparente. Déjela reposar al menos 1 hora a temperatura ambiente.

3. Precaliente una sartén grande a fuego fuerte. Retire la carne del bol (reservando el adobo) y ásela en la sartén 3 minutos por cada lado. Aparte la sartén del fuego, retire la carne y córtela en tiras gruesas en la dirección contraria a la fibra. Resérvela en un plato precalentado.

4. Cueza o remoje los fideos siguiendo las instrucciones del envase y luego escúrralos.

5. Eche el pimiento y la cebolleta en la sartén con el aceite de sésamo, y saltéelos a fuego fuerte 2 minutos. Baje el fuego a temperatura media, vierta la marinada reservada en la sartén y remueva 1 minuto. Luego eche los fideos y los brotes de soja y remueva otro minuto más.

6. Sirva los fideos con las tiras de carne por encima, rociados con el jugo que haya quedado en el plato.

Para 4 personas // Preparación: 15 minutos, más marinado // Cocción: 20 minutos

500 g/1 lb 2 oz de falda de buey (carne vacuna) en filetes gruesos y con la grasa recortada
275 g/9¾ oz de fideos chinos integrales
1 pimiento (ají, morrón, chile) rojo grande, sin las pepitas (semillas) y en tiras finas
6 cebolletas (cebollas tiernas o de verdeo) en rodajas al bies
2 cucharaditas de aceite de sésamo
150 g/1½ tazas de brotes de soja

Marinada
4 cucharaditas de aceite de sésamo
2 cucharadas de vinagre de vino de arroz
4 dientes de ajo majados
1 cucharada de jengibre bien picado
1 guindilla (ají picante, pimiento chico, chile) roja en rodajas
1 cucharada de salsa teriyaki
1 cucharada de salsa de soja clara

Añada condimentos y especias abundantes a su dieta, como guindilla, ajo y jengibre, puesto que sus compuestos antioxidantes previenen las cardiopatías.

Consejo //

1

2

5

Tacos de pavo al pimentón

El pavo es una buena alternativa al pollo en muchas recetas y su sabor algo más intenso se presta más a los platos mexicanos como este.

Kilocalorías 321 / / Hidratos de carbono 31,4 g / / Azúcares 5,3 g / / Proteínas 29,7 g / / Fibra 6,7 g / / Grasas 8 g / / Grasas saturadas 4,1 g / / Sodio 400 mg

300 g/10½ oz de pechuga de pavo sin hueso
    ni piel y en tiras
2 dientes de ajo majados
2 cucharaditas de pimentón ahumado
el zumo (jugo) de ½ lima (limón)
1 cebolla roja picada
1 tomate (jitomate) picado
100 g/½ taza de alubias (porotos, frijoles)
    negras cocidas

100 g/2 tazas de lechuga en tiras finas
4 tortillas integrales de trigo
40 g/⅓ de taza de cheddar bajo en grasa
    rallado
2 cucharaditas de salsa de guindilla (ají
    picante, pimiento chico, chile) picante
100 g/⅓ de taza de nata (crema) agria baja
    en grasa

1. Ponga el pavo en un bol poco hondo que no sea metálico. Añada el ajo, el pimentón y el zumo de lima, tápelo y déjelo marinar 30 minutos.

2. Mientras tanto, mezcle la cebolla con el tomate, las alubias y la lechuga en otro bol.

3. Precaliente el gratinador a temperatura media-alta y forre la bandeja del horno con papel de aluminio. Ponga el pavo marinado en la bandeja y áselo bajo el gratinador unos 6 minutos, dándole la vuelta una vez, hasta que se dore bien y esté hecho. Resérvelo.

4. Caliente las tortillas bajo el gratinador hasta que empiecen a dorarse y estén crujientes. Reparta el pavo asado y la ensalada entre las tortillas de modo que quede una mitad libre. Esparza el queso por encima y rocíelo con la salsa de guindilla y la nata. Doble las tortillas y sirva los tacos.

Para 4 personas / / Preparación: 15 minutos, más marinado / / Cocción: 8 minutos

Las alubias negras son ricas en almidón resistente. Cómprelas secas, póngalas en remojo y cuézalas o, si dispone de poco tiempo, cómprelas envasadas al natural (no en salmuera).

Consejo / /

Escalopes de pollo con tomates cherry

Estos deliciosos escalopes de pollo son perfectos para una cena ligera y para compensar un almuerzo rico en hidratos de carbono.

Kilocalorías 342 // Hidratos de carbono 28 g // Azúcares 3,9 g // Proteínas 32,7 g // Fibra 2,1 g // Grasas 12 g // Grasas saturadas 2,1 g // Sodio 280 mg

1. Corte las pechugas al bies en 4 trozos para obtener 12 filetes. Póngalos en la tabla de cortar y golpéelos varias veces con el rodillo hasta que tengan 1 cm/½ in de grosor.

2. Ponga el huevo en un plato y el panko en otro. Eche el tomillo y el orégano en el panko y mézclelo.

3. Pase los filetes de pollo por el huevo y sosténgalos sobre el plato para que caiga el que no se haya adherido. Rebócelos con el pan rallado y páselos a una fuente.

4. Caliente el aceite en una sartén antiadherente grande y fría los filetes empanados por tandas a fuego medio unos 4 minutos por cada lado, hasta que se doren y estén hechos.

5. Mientras tanto, precaliente el gratinador y ase los tomates sin separarlos de la rama hasta que estén calientes pero no deshechos.

6. Sirva los escalopes de pollo con los tomates y los brotes de ensalada aliñados con el vinagre.

Para 4 personas // Preparación: 15 minutos // Cocción: 25 minutos

3 pechugas de pollo sin hueso ni piel (500 g/1 lb 2 oz en total)
1 huevo batido
100 g/1 taza de panko integral
1 cucharadita de tomillo
1 cucharadita de orégano
2 cucharadas de aceite de cacahuete (cacachuate, maní)
400 g/24 tomates (jitomates) cherry en rama
200 g/7 tazas de brotes de ensalada
1 cucharada de vinagre (aceto) balsámico

Con el vinagre balsámico podrá preparar aliños rápidos y fáciles. Una cucharada contiene solo 14 calorías y nada de grasa ni sal. Aunque es más caro, merece la pena comprarlo añejo por su textura y sabor.

Consejo //

Elección de los platos en el restaurante

Como es lógico, de vez en cuando le apetecerá salir a comer o cenar fuera y disfrutar de un menú especial, sobre todo si no lo hace a menudo. Afortunadamente, las cartas están llenas de platos que podrá elegir sin sentirse culpable al día siguiente. Sin embargo, las estadísticas demuestran que este tipo de comida contiene, por término medio, al menos un 50 % más de grasas y calorías que la comida casera, por eso merece la pena tomar nota de unos consejos para que su salida al restaurante no termine causando estragos.

* Si come en un restaurante, decida con antelación si va a tomar un aperitivo o un postre junto con el plato principal en lugar de ambos.

* Si fuera posible, compruebe el menú (muchos restaurantes lo publican en sus páginas web) con antelación y planifique lo que va a pedir. Así evitará precipitarse y elegir una opción poco adecuada.

* Si va a tomar más de un plato, intente equilibrarlos del mismo modo que lo haría en casa. Por ejemplo, un plato rico en hidratos de carbono se equilibra con uno rico en proteínas, y uno bajo en grasas con otro rico en grasas.

* Apueste por las guarniciones a base de hortalizas o ensalada. Si pide un plato principal con una salsa sustanciosa, intente acompañarlo con muchas hortalizas cocidas.

* Intente evitar los hidratos de carbono «blancos» (como pan, arroz y pasta) y elija la variedad integral.

* Si puede, sustituya la patata de la guarnición por boniato, que tiene un IG más bajo, cereales ricos en proteínas (como la quinoa) o legumbres trituradas (como puré de alubias blancas), que presentan un buen equilibrio de proteínas e hidratos de carbono.

* Intente elegir un restaurante donde no le hagan esperar mucho, así evitará la tentación de comerse el pan o tomar bebidas alcohólicas para pasar el tiempo.

* Si controla su peso, es mejor que evite los restaurantes que ofrezcan la opción de bufé. Se ha demostrado que en estos establecimientos los comensales siguen comiendo incluso una vez saciados.

* Entre los platos más ricos en calorías y grasas se cuentan la repostería; las especialidades a base de carne y nata de los restaurantes indios y tailandeses; la pizza y los platos de pasta con salsas sustanciosas, como la lasaña y la salsa carbonara de los restaurantes italianos, y los platos franceses como los copiosos guisos a base de carne de cerdo, cordero o salchichas.

* Entre los platos más bajos en calorías y grasas se encuentran el buey y el venado magros y el pollo; la comida japonesa; los salteados de hortalizas y marisco; el pescado asado al horno o a la plancha; las sopas o caldos que no llevan nata, y los pinchos de carne, aves, marisco y hortalizas.

Chow mein de pollo

Un plato sencillo de hacer que, una vez preparados los ingredientes, estará listo en solo 10 minutos.

Kilocalorías 469 / / Hidratos de carbono 65 g / / Azúcares 9,4 g / / Proteínas 29 g / /
Fibra 7,2 g / / Grasas 9,6 g / / Grasas saturadas 1,4 g / / Sodio 800 mg

1. Para preparar la salsa, maje los ajos con la hoja plana de un cuchillo grande. Póngalo en un cuenco y añada el jengibre, el kétchup, las salsas, el caldo y el aceite de sésamo. Remueva todo bien y reserve la salsa.

2. Ponga agua a hervir en una olla y cueza los fideos 4 minutos, o el tiempo indicado en el envase. Mientras tanto, ponga el pollo en un bol, añada la salsa de soja y dele la vuelta para que se impregne bien.

3. Escurra los fideos y resérvelos. Caliente la mitad del aceite de cacahuete en el wok o una sartén grande y honda y saltee el pollo 2 o 3 minutos. Retírelo del wok y resérvelo.

4. Añada el pimiento, la cebolleta, la zanahoria, el brócoli, los tirabeques y el aceite de cacahuete restante al wok, y siga salteando un par de minutos más, hasta que las hortalizas se doren y estén tiernas. Agregue la salsa, saltéelo de nuevo y déjelo un par de minutos al fuego.

5. Devuelva el pollo al wok y eche las setas y los brotes de soja. Saltéelo 1 minuto más. Incorpore los fideos para que se calienten y sírvalo enseguida.

Para 4 personas / / Preparación: 25 minutos / /
Cocción: 15-18 minutos

250 g/9 oz de fideos chinos integrales
2 pechugas de pollo sin hueso ni piel (300 g/10½ oz en total) en tiras de 3 cm/1¼ in
1 cucharada de salsa de soja baja en sal
1 cucharada de aceite de cacahuete (cacahuate, maní)
1 pimiento (ají) naranja grande, sin las pepitas (semillas) y en tiras finas
8 cebolletas (cebollas tiernas o de verdeo) en rodajitas al bies
100 g/3½ oz de zanahorias en rodajitas
100 g/1½ tazas de ramitos de brócoli pequeños
75 g/1 taza de tirabeques (bisaltos, ejotes, arvejas planas)
100 g/3½ oz de setas (hongos) chinas, como shiitake, en láminas si son grandes
300 g/3 tazas de brotes de soja

Salsa
3 dientes de ajo
1 trozo de jengibre de 2,5 cm/1 in, bien picado
2 cucharadas de kétchup bajo en sal
1 cucharada de salsa de ostras
1 cucharada de salsa de soja baja en sal
100 ml/½ taza de caldo de pollo bajo en sal
1 cucharada de aceite de sésamo

Estudios recientes relacionan las setas chinas con la prevención de cardiopatías.

Nota / /

Jambalaya de pollo y gambas

El nombre de esta receta suena alegre y divertido, igual que el aspecto y el sabor de este festival de colores, gustos y texturas.

Kilocalorías 548 // Hidratos de carbono 52 g // Azúcares 7 g // Proteínas 44,7 g // Fibra 5,2 g // Grasas 17,6 g // Grasas saturadas 3,8 g // Sodio 640 mg

1. Caliente el aceite a fuego medio-fuerte en una sartén grande con tapa y rehogue el pollo, tapado, un par de minutos. Eche el chorizo y fríalo 1 minuto, removiendo, hasta que empiece a soltar la grasa. Retire el pollo y el chorizo con una espumadera y resérvelos.

2. Baje el fuego a temperatura media-baja, eche la cebolla, el apio y los pimientos, y rehogue las hortalizas de 5 a 10 minutos, hasta que estén tiernas, añadiendo un poco de caldo si quedaran demasiado secas.

3. Eche los dientes de ajo y las guindillas en la sartén y rehóguelo 1 minuto. Incorpore el tomate troceado, la pasta de guindilla y un poco del caldo. Salpimiente y rehóguelo otro minuto.

4. Agregue casi todo el caldo restante y el arroz y llévelo a ebullición. Devuelva el pollo y el chorizo a la sartén y cuézalo, tapado y sin remover, unos 16 minutos. Después destape la sartén para comprobar que el arroz no esté demasiado seco. Si fuera así, incorpore el caldo restante o un poco de agua hirviendo y prosiga con la cocción 4 minutos más. Si quedara demasiado líquido, destape la sartén hasta el final de la cocción. Eche las gambas cuando falten 3 minutos para finalizar la cocción. El plato estará listo cuando el arroz haya absorbido casi todo el caldo y esté tierno, y el pollo, las gambas y las hortalizas estén hechos.

5. Adórnelo con el perejil picado y sírvalo enseguida.

Para 4 personas // Preparación: 25 minutos // Cocción: 35-40 minutos

1 cucharada de aceite vegetal

4 muslos de pollo grandes sin hueso ni piel (500 g/1 lb 2 oz en total) en 3 trozos cada uno

30 g/1 oz de chorizo en trocitos

1 cebolla bien picada

2 ramas de apio picadas

1 pimiento (ají, morrón, chile) verde y 1 rojo, sin las pepitas (semillas) y en daditos

500 ml/2 tazas de caldo de pollo bajo en sal

2 dientes de ajo majados

1 guindilla (ají picante, pimiento chico, chile) verde y 1 roja frescas, sin las pepitas y bien picadas

300 g/1¼ tazas de tomate (jitomate) troceado en conserva

1 cucharada de pasta de guindilla (ají picante, pimiento chico, chile)

sal y pimienta, al gusto

200 g/1 taza de arroz largo integral (preferiblemente basmati)

200 g/7 oz de gambas (camarones) peladas y sin el hilo intestinal

2 cucharadas de perejil picado, para adornar

El IG del arroz basmati es más bajo que el de otras variedades, mientras que el integral contiene más fibra y nutrientes que el blanco.

Nota //

1

3

4

Pescado empanado con patatas y guisantes

Una fantástica cena con muchas menos calorías, grasas y sal que una fritura porque se asa en el horno.

Kilocalorías 412 / / Hidratos de carbono 54,9 g / / Azúcares 7,2 g / / Proteínas 35,2 g / /
Fibra 8,4 g / / Grasas 9,8 g / / Grasas saturadas 1,6 g / / Sodio 600 mg

1. Precaliente el horno a 200 ºC/400 °F. Vierta el huevo batido en un plato llano. Ponga el pan rallado en otro plato, añada el sazonador y mézclelo bien. Seque los filetes de pescado con papel de cocina.

2. Seque las cuñas de patata con papel de cocina, póngalas en un bol y añada el garam masala, el pimentón, ½ cucharadita de sal y el aceite de cacahuete. Remueva bien y extienda las cuñas en la bandeja del horno. Áselas 5 minutos en el nivel superior del horno precalentado.

3. Mientras tanto, pase los filetes de pescado primero por el huevo batido, dejando caer en el plato el que no se haya adherido, y después por el pan rallado. Páselos a otra bandeja de horno forrada con papel vegetal y pulverícelos con aceite en aerosol.

4. Ase el pescado empanado un nivel por debajo de las patatas 5 minutos. Deles la vuelta a las patatas con una espátula grande y prosiga con la cocción 10 minutos más, o hasta que las patatas estén crujientes por fuera y tiernas por dentro y el pescado esté hecho.

5. Mientras tanto, ponga a hervir agua con un poco de sal en un cazo y hierva los guisantes 5 minutos, o hasta que estén tiernos. Escúrralos y resérvelos calientes.

6. Para preparar la salsa, mezcle la mayonesa con el yogur y el zumo de limón en un cuenco.

7. Sirva el pescado y las patatas enseguida, acompañados de los guisantes y la salsa.

Para 4 personas / / Preparación: 20 minutos / /
Cocción: 20 minutos

1 huevo batido
60 g/⅔ de taza de pan integral rallado
2 cucharaditas de sazonador de especias en polvo bajo en sal
4 filetes de lomo de bacalao sin piel (140 g/5 oz cada uno)
4 patatas (papas) harinosas grandes (600 g/1 lb 5 oz en total) raspadas y en cuñas gruesas
1 cucharadita de garam masala
1 cucharadita de pimentón, sal
1 cucharada de aceite de cacahuete (cacahuate, maní)
aceite en aerosol, para engrasar
320 g/2 tazas de guisantes (chícharos, arvejas) congelados

Salsa
2 cucharadas de mayonesa baja en calorías y 1 de yogur griego desnatado (descremado)
2 cucharaditas de zumo (jugo) de limón

Cuando compre patatas, intente elegir una variedad que quede tierna y harinosa por dentro y crujiente y dorada por fuera, como las rojas y las moradas.

Consejo / /

2

3

5

Pinchos de rape, champiñones y pimiento rojo

El rape es consistente y jugoso, perfecto para hacer pinchos. Y combina muy bien con el beicon, por lo que este plato es un acierto seguro.

Kilocalorías 429 / / Hidratos de carbono 41 g / / Azúcares 6 g / / Proteínas 40,7 g / / Fibra 3,8 g / / Grasas 12,2 g / / Grasas saturadas 2,6 g / / Sodio 680 mg

160 g/1 taza de arroz largo integral
   (preferiblemente basmati)
sal, al gusto
400 g/14 oz de champiñones oscuros
   pequeños sin los pies
650 g/1 lb 7 oz de filete de cola de rape, pez
   espada o pargo, en dados de 2,5 cm/1 in
1 pimiento (ají, morrón, chile) rojo grande
   sin las pepitas (semillas) y en dados de
   2,5 cm/1 in
3 lonchas (lonjas) de beicon (panceta, tocino)
   magro bajo en sal, con la grasa recortada
   y en dados de 2,5 cm/1 in

1½ cucharadas de aceite de oliva
ramitas de cilantro, para adornar

Salsa
5 trozos de tomate (jitomate) semiseco
   bien picados
1 cucharada de zumo (jugo) de limón
1 tomate (jitomate) grande pelado y bien
   picado
1 cucharadita colmada de pimentón ahumado
1 diente de ajo majado

1. Ponga el arroz en una cazuela de agua con un poco de sal, tápelo y cuézalo a fuego lento 20 minutos, o hasta que esté tierno.

2. Mientras tanto, parta los champiñones más grandes por la mitad. Ensarte el pescado, los champiñones, el pimiento y el beicon de forma alternada en 4 brochetas metálicas.

3. Precaliente el gratinador y pinte los pinchos con el aceite. Póngalos en una rejilla bajo el gratinador y áselos 4 minutos por cada lado, o hasta que el pescado y el beicon estén hechos y las hortalizas, tiernas.

4. Para preparar la salsa, mezcle el tomate semiseco con el zumo de limón, el tomate, el pimentón y el ajo en un cuenco.

5. Escurra el arroz. Sirva los pinchos con el arroz y 1 cucharada de la salsa. Adórnelo con unas ramitas de cilantro y sírvalo enseguida.

Para 4 personas / / Preparación: 15 minutos / /
Cocción: 25 minutos

Si no encuentra tomates semisecos, utilice tomates secados al sol en aceite.

Consejo / /

Sopa de fideos con salmón

En este plato de inspiración asiática, el salmón glaseado con salsa teriyaki se sirve en un caldo aromático con fideos y hortalizas.

Kilocalorías 397 // Hidratos de carbono 32,7 g // Azúcares 4,2 g // Proteínas 34,2 g // Fibra 2,5 g // Grasas 12,4 g // Grasas saturadas 2,3 g // Sodio 1200 mg

1. Precaliente el gratinador a temperatura máxima. Lleve a ebullición en una cazuela el caldo con el ajo y la salsa de soja.

2. Mezcle los ingredientes del glaseado y pinte con esta marinada los filetes de salmón por un lado. Engrase la rejilla del gratinador con el aceite y gratine el salmón, solo por una cara, 4 minutos. El pescado debería desmenuzarse con facilidad y la parte central debería quedar de un color rosado intenso. Saque el salmón del horno y resérvelo.

3. Cueza los fideos siguiendo las indicaciones del envase. Escúrralos y resérvelos.

4. Retire el ajo del caldo y vuelva a llevarlo a ebullición. Incorpore las espinacas y la cebolleta, y prosiga con la cocción hasta que las espinacas se empiecen a ablandar. Retire las espinacas y la cebolleta con una espumadera y repártalas entre 4 cuencos precalentados. Reparta los fideos entre ellos y ponga 1 filete de salmón en cada uno. Con cuidado, vierta el caldo hirviendo por encima.

5. Esparza los brotes de soja, la guindilla y el cilantro sobre la sopa, y sírvala enseguida.

Para 4 personas // Preparación: 15-20 minutos // Cocción: 20 minutos

1 litro/4 tazas de caldo de verduras bajo en sal
1 diente de ajo grande
½ cucharadita de salsa de soja clara
4 filetes de salmón sin piel (140 g/5 oz cada uno)
1½ cucharaditas de aceite de cacahuete (cacahuate, maní)
140 g/5 oz de fideos chinos al huevo o fideos ramen
100 g/3½ tazas de espinacas tiernas
4 cebolletas (cebollas tiernas o de verdeo) picadas

Glaseado
2½ cucharadas de sake, 2½ de salsa de soja clara y 2 de mirin o jerez dulce
1 cucharadita de jarabe de arce
½ diente de ajo bien picado
1 trozo de jengibre de 5 mm/¼ in bien picado

Para servir
100 g/1 taza de brotes de soja
1 guindilla (chile) verde fresca sin pepitas (semillas) y en rodajitas
ramitas de cilantro, para adornar

El salmón es rico en ácido docosahexaenoico (DHA), un ácido graso que minimiza las complicaciones de salud derivadas de la diabetes.

Nota //

Macarrones con atún y brócoli

La pasta con atún suele contener muchas grasas saturadas, sodio y calorías, pero no esta versión, que además es rica en fibra y proteínas.

Kilocalorías 533 // Hidratos de carbono 54 g // Azúcares 10,1 g // Proteínas 32 g // Fibra 8,1 g // Grasas 19,7 g // Grasas saturadas 5,7 g // Sodio 640 mg

1. Precaliente el horno a 190 °C/375 °F. Ponga a hervir agua con sal en una olla, eche la pasta y cuézala de 10 a 12 minutos, o el tiempo indicado en el envase, hasta que esté al dente. Escúrrala.

2. Mientras tanto, cueza el brócoli al vapor hasta que empiece a estar tierno. Desmenuce el atún.

3. Ponga el aceite reservado del atún, el pesto y el concentrado de tomate en un cazo y caliéntelo, removiendo, a fuego medio-fuerte un par de minutos.

4. Ponga la pasta en una fuente llana refractaria y añada la salsa de tomate, el brócoli, los tomates cherry y el atún. Remueva con suavidad para que los macarrones queden bien impregnados.

5. Reparta el queso cremoso en pequeñas porciones por encima, y esparza el queso y el pan rallados. Cueza los macarrones en el horno 20 minutos, o hasta que estén calientes y el queso se dore y se derrita. Sírvalos enseguida acompañados de la ensalada verde.

Para 4 personas // Preparación: 15 minutos // Cocción: 35 minutos

240 g/8½ oz de macarrones integrales

sal, al gusto

200 g/3 tazas de ramitos de brócoli

320 g/12 oz de atún en aceite de oliva escurrido, reservando 1½ cucharadas del aceite

1 cucharada de pesto rojo

350 g/1½ tazas de concentrado o salsa de tomate (jitomate)

6 tomates (jitomates) cherry partidos por la mitad

100 g/½ taza de queso cremoso bajo en grasa

50 g/½ taza de cheddar bajo en grasa rallado

25 g/½ taza de pan integral recién rallado

200 g/7 tazas de hojas de ensalada, para acompañar

El brócoli tiene propiedades antiinflamatorias y es rico en vitamina C. Al vapor resulta más eficaz para bajar el colesterol que cocinado de otra forma.

Nota //

Hamburguesas de lentejas y espinacas

Aunque no sean vegetarianos, todos los miembros de la familia disfrutarán con estas hamburguesas de lentejas verdes y espinacas.

Kilocalorías 363 // Hidratos de carbono 47,5 g // Azúcares 4,4 g // Proteínas 18 g // Fibra 11,2 g // Grasas 12,6 g // Grasas saturadas 2,1 g // Sodio 880 mg

1. Cueza las patatas en agua hirviendo con un poco de sal 10 minutos, o hasta que estén tiernas. Escúrralas bien y devuélvalas a la olla con el fuego apagado; así se acabarán de secar con el calor residual. Sacuda un poco la olla para acelerar el proceso.

2. Mientras tanto, ponga las espinacas en un bol que pueda ir al microondas y caliéntelas a la máxima potencia (859 vatios) 1½ minutos, o hasta que empiecen a ablandarse. Páselas a un colador y estrújelas bien con el extremo del rodillo o la mano de mortero para que pierdan toda el agua. Extiéndalas sobre papel de cocina para que se sequen bien.

3. Ponga la patata, las lentejas, la cebolla, los champiñones, la sal y pimienta en el robot de cocina, y tritúrelo 1 minuto hasta obtener una pasta algo grumosa. Incorpore las espinacas, el perejil y el tomillo con las manos y, por último, el huevo. Haga con la pasta 4 hamburguesas de 1 cm/½ in de grosor.

4. Caliente el aceite en una sartén antiadherente grande y fría las hamburguesas, por tandas si fuera necesario, a fuego medio 3 minutos por cada lado. Puede que tenga que bajar el fuego en el último minuto de cocción de cada lado para que no se doren demasiado.

5. Abra los panecillos por la mitad y úntelos con la mayonesa. Rellénelos con las hamburguesas y las rodajas de tomate, y sírvalos enseguida acompañados de la ensalada.

Para 4 personas // Preparación: 20 minutos // Cocción: 25 minutos

100 g/3½ oz de patatas (papas) rojas o de otra variedad harinosa en dados de 2 cm/¾ in
100 g/3½ tazas de espinacas tiernas
250 g/2¼ tazas de lentejas verdinas cocidas
1 cebolla troceada
100 g/1½ tazas de champiñones oscuros troceados
1 cucharadita de sal
pimienta, al gusto
1 cucharada colmada de perejil picado
2 cucharaditas de hojas de tomillo fresco
1 huevo mediano batido
1½ cucharadas de aceite vegetal

Para servir

4 panecillos integrales de hamburguesa (50 g/1¾ oz cada uno)
40 g/¼ de taza de mayonesa baja en calorías
1 tomate (jitomate) grande en rodajas
240 g/8 oz de hojas de ensalada envasadas

> Cuando compre hojas de ensalada envasadas para acompañar estas hamburguesas, elija una buena variedad con las hojas de color intenso, como verde oscuro, morado o rojo, ya que son más ricas en nutrientes y antioxidantes.
>
> *Consejo //*

Curry de calabaza y espinacas

La calabaza es un excelente ingrediente principal para un curry y combina muy bien con la leche de coco.

Kilocalorías 486 // Hidratos de carbono 80,2 g // Azúcares 8,8 g // Proteínas 11,7 g // Fibra 10,6 g // Grasas 14,1 g // Grasas saturadas 5,9 g // Sodio 680 mg

Nota //

La calabaza es un alimento muy indicado para los diabéticos porque contiene un compuesto llamado inositol y pectina, un tipo de fibra, que regulan los niveles de glucosa en sangre y la producción de insulina.

1 cucharada de aceite de cacahuete (cacahuate, maní)
1 cebolla grande en rodajas
2 dientes de ajo majados
1 trozo de jengibre de 3 cm/1¼ in bien picado
75 g/¼ de taza de pasta de curry korma
1 calabaza (zapallo anco, zapallito) pequeña pelada, sin las pipas (semillas) y en dados (425 g/15 oz una vez limpia)
400 g/15 oz de garbanzos (chícharos) cocidos, escurridos y enjuagados
300 ml/1¼ tazas de leche de coco
500 ml/2 tazas de agua
½ cucharadita de sal
200 g/1 taza de arroz largo integral (preferiblemente basmati)
200 g/7 tazas de espinacas
1 buen puñado de hojas de cilantro

1. Caliente el aceite en una cazuela grande y rehogue la cebolla a fuego medio-lento 5 minutos, o hasta que esté tierna. Eche el ajo y el jengibre y rehogue 1 minuto más.

2. Suba el fuego a temperatura media-fuerte, añada la pasta de curry y siga rehogando 2 minutos. Agregue la calabaza, los garbanzos y la leche de coco. Remueva bien y llévelo a ebullición. Baje el fuego y cueza el curry a fuego suave 25 minutos, o hasta que la calabaza esté tierna.

3. Mientras tanto, ponga el agua en una cazuela con la sal, tápela y llévela a ebullición. Eche el arroz y cuézalo a fuego suave 25 minutos, o el tiempo indicado en el envase, hasta que esté tierno y haya absorbido toda el agua.

4. Incorpore las espinacas al curry y déjelas ablandar 1 minuto. Esparza las hojas de cilantro por encima y sírvalo enseguida acompañado del arroz.

Para 4 personas // Preparación: 15-20 minutos // Cocción: 35-40 minutos

Tubérculos estofados

Este guiso picante es una buena opción para preparar una comida vegetariana. Es muy saciante por su alto contenido en fibra, y además bajo en grasas saturadas.

Kilocalorías 458 // Hidratos de carbono 81 g // Azúcares 11,5 g // Proteínas 13,7 g // Fibra 11,6 g // Grasas 9 g // Grasas saturadas 1,4 g // Sodio 840 mg

1. Caliente el aceite en una cazuela refractaria y rehogue la cebolla a fuego medio-lento 5 minutos, o hasta que esté transparente. Eche el ajo, el concentrado de tomate y la harissa, y siga rehogando 1 minuto.

2. Añada la zanahoria, la patata, el boniato y el colinabo. Vierta el caldo, salpimiente y llévelo a ebullición. Tápelo y cuézalo 30 minutos, o hasta que los tubérculos estén casi tiernos, removiendo una vez a mitad de la cocción.

3. Incorpore los judiones y el tomate, y prosiga con la cocción 15 minutos más. Presione parte de los judiones contra la pared de la cazuela para deshacerlos y espesar la salsa. Rectifique la sazón, añadiendo más sal o pimienta si lo desea.

4. Mientras tanto, prepare el cuscús siguiendo las indicaciones del envase.

5. Esparza el perejil picado por encima del estofado y sírvalo enseguida con el cuscús.

Para 4 personas // Preparación: 25 minutos // Cocción: 1 hora

1 cucharada de aceite de oliva
2 cebollas rojas en rodajas gruesas
2 dientes grandes de ajo majados
2 cucharadas de concentrado de tomate (jitomate)
2 cucharadas de harissa
2 zanahorias en bastoncillos
100 g/3½ oz de patatas (papas) en trozos de 3 cm/1¼ in
200 g/7 oz de boniatos (papa dulce, batata) en trozos de 3 cm/1¼ in
200 g/7 oz de colinabo en rodajas de 15 mm/½ in de grosor cortadas en cuartos
600 ml/2½ tazas de caldo de verduras bajo en sal
sal y pimienta, al gusto
150 g/1 taza de judiones (frijoles grandes) o alubias (chícharos) blancas cocidos
300 g/1¼ tazas de tomate (jitomate) troceado en conserva
200 g/1 taza de cuscús integral
1 buen puñado de perejil picado

Las hortalizas de color naranja y amarillo, como la zanahoria, el boniato y el colinabo, son ricas en betacaroteno, que previene cardiopatías. El boniato, además, tiene un IG más bajo que la patata.

Nota //

Guarniciones y aperitivos

Boniato asado

Con su pulpa anaranjada, el boniato es una alternativa sencilla, gustosa y baja en grasa a las patatas fritas.

Kilocalorías 183 // Hidratos de carbono 35,7 g // Azúcares 7 g // Proteínas 2,9 g // Fibra 5,3 g // Grasas 3,5 g // Grasas saturadas 0,5 g // Sodio 400 mg

Al menos de vez en cuando, merece la pena sustituir la patata por boniato porque resulta más saludable. El boniato es rico en vitaminas C y A, y además contiene más fibra.

Consejo //

1 cucharada de aceite de cacahuete (cacahuate, maní)
4 boniatos (papas dulces, batatas) pequeños
   (175 g/1½ lb cada uno)
½ cucharadita de sal
½ cucharadita de comino molido
¼ de cucharadita de cayena molida

1. Precaliente el horno a 230 °C/450 °F y engrase la bandeja con un poco del aceite.

2. Pele los boniatos y córtelos en bastoncillos de 7,5 cm/3 in de largo y 5 mm/¼ in de ancho. Extiéndalos en la bandeja, rocíelos con el aceite restante y deles varias vueltas para que se impregnen.

3. Mezcle la sal con el comino y la cayena en un cuenco. Espárzalo por encima de los bastoncillos de boniato y vuelva a darles la vuelta para que se impregnen bien.

4. Extienda el boniato en una sola capa y áselo en el horno precalentado entre 15 y 20 minutos, o hasta que esté hecho y empiece a tomar color. Sírvalo caliente.

Para 4 personas // Preparación: 10 minutos // Cocción: 15-20 minutos

Apionabo con patatas nuevas

Una estupenda guarnición para alimentos ricos en proteínas, como salchichas magras, pollo asado o chuletas de cordero.

Kilocalorías 144 // Hidratos de carbono 25 g // Azúcares 2,8 g // Proteínas 3,2 g // Fibra 4,2 g // Grasas 3,9 g // Grasas saturadas 0,6 g // Sodio 360 mg

El apionabo tiene un IG alto, pero al acompañarse de patatas nuevas sin pelar y aceite, además de no chafar del todo las hortalizas, en conjunto este plato presenta una CG moderada.

Nota / /

1 apionabo (raíz de apio, apio-rábano) pequeño (400 g/14 oz) pelado y en trozos de 2 cm/¾ in

400 g/14 oz de patatas (papas) nuevas raspadas y en trozos de 2 cm/¾ in

2 dientes de ajo majados

1 cucharada de aceite de oliva

100 ml/½ taza de caldo de verduras bajo en sal

½ cucharadita de sal de apio

2 cucharaditas de hojas de tomillo fresco

sal y pimienta, al gusto

1 cucharada de perejil picado

1. Ponga el apionabo en una sartén grande a fuego medio-fuerte. Eche la patata, el ajo y el aceite, y remueva. Rehóguelos 3 o 4 minutos, removiendo de vez en cuando, hasta que empiecen a dorarse.

2. Vierta el caldo, añada la sal de apio y el tomillo, salpimiente y llévelo a ebullición. Tape la sartén y cueza las hortalizas 20 minutos, añadiendo un chorrito de agua si se secaran demasiado.

3. Con un chafapatatas, deshaga un poco las hortalizas en trozos más pequeños pero sin llegar a triturarlas. Esparza por encima el perejil, remueva y sírvalo enseguida.

Para 4 personas // Preparación: 15 minutos // Cocción: 25 minutos

Cebolla y tubérculos asados

Esta guarnición a base de hortalizas es una alternativa saludable a las patatas asadas. Además, resulta un magnífico complemento para la carne asada, sobre todo buey y pollo.

Kilocalorías 252 / / Hidratos de carbono 50,6 g / / Azúcares 11 g / / Proteínas 4,7 g / / Fibra 8,1 g / / Grasas 3,8 g / / Grasas saturadas 0,2 g / / Sodio 520 mg

2 cebollas rojas partidas en cuartos
6 chalotes (echalotes, escalonias) pequeños
2 chirivías (pastinacas) en bastoncillos gruesos
1 boniato (papa dulce, batata) grande (200 g/7 oz) en bastoncillos gruesos
1 ñame de 200 g/7 oz en bastoncillos gruesos
150 g/5½ oz de aguaturmas (batatas de caña, cotufas, patacas) raspadas y partidas por la mitad

8 dientes de ajo grandes sin pelar
1 cucharada de aceite vegetal
1 cucharada de zumo (jugo) de limón
1 cucharadita de sal
pimienta, al gusto

1. Precaliente el horno a 190 °C/375 °F. Ponga la cebolla y los chalotes en una fuente refractaria.

2. Eche la chirivía, el boniato, el ñame, las aguaturmas y los ajos en la fuente.

3. Rocíelo con el aceite y el zumo de limón. Salpimiente las hortalizas y remuévalas para que se empapen bien con el aliño.

4. Ase las hortalizas en el horno 20 minutos. Deles la vuelta con la espátula y áselas 25 minutos más, o hasta que estén hechas y doradas. Los dientes de ajo quedarán muy tiernos; si lo desea, extraiga la pulpa una vez asada y mézclela con el jugo de cocción y un poco de agua. Sírvalo enseguida.

Para 4 personas / / Preparación: 15 minutos / / Cocción: 45 minutos

La cebolla y muchos tubérculos contienen una gran cantidad de azúcares, pero en contrapartida su alto contenido en fibra evita los picos de glucemia. El ñame es rico en almidón resistente.

Nota / /

Ensalada de aguacate, tomate, cebolla roja y albahaca

Una sencilla ensalada ideal para acompañar casi todo tipo de platos.
Y sí le añade mozzarella de búfala, tendrá un plato principal completo.

*Kilocalorías 196 / / Hidratos de carbono 10 g / / Azúcares 2,3 g / / Proteínas 2,1 g / /
Fibra 5,8 g / / Grasas 17 g / / Grasas saturadas 2,4 g / / Sodio 480 mg*

1. Para preparar el aliño, mezcle en un cuenco el aceite con el vinagre de vino tinto, el balsámico, la mostaza, la sal, la stevia y pimienta.

2. Sosteniendo medio aguacate en la palma de la mano, clave la punta de una cuchara en el extremo más estrecho de la fruta y separe la pulpa de la piel de modo que salga entera. Ponga la pulpa en una tabla de cocina y haga lo mismo con las otras mitades. A continuación, córtela en láminas de 5 mm/¼ in. Parta las rodajas de cebolla por la mitad.

3. Disponga el aguacate y los tomates cherry en una fuente de servir y esparza la cebolla por encima. Vierta el aliño y adorne la ensalada con la albahaca. Sírvala enseguida.

*Para 4 personas / / Preparación: 10 minutos / /
Cocción: ninguna*

2 aguacates (paltas) maduros partidos por la mitad y deshuesados (descarozados)
1 cebolla roja pequeña en rodajas
12 tomates (jitomates) cherry partidos por la mitad
1 puñado de hojas de albahaca

Aliño
2 cucharadas de aceite de oliva virgen extra
1½ cucharaditas de vinagre de vino tinto, 1 de vinagre (aceto) balsámico, 1 de mostaza de Dijon y 1 de sal
1 gota de stevia
pimienta, al gusto

Esta ensalada es rica en grasa (monoinsaturada, por tanto, saludable), por lo que si controla su peso es mejor que la sirva con un acompañamiento bajo en grasa para equilibrar el aporte calórico.

Consejo / /

Ensalada de lombarda, naranja y nueces

Una ensalada ácida y refrescante que se convertirá en una de sus favoritas para acompañar filetes, pollo asado o todo lo que se le ocurra.

Kilocalorías 148 // Hidratos de carbono 10,2 g // Azúcares 4,7 g // Proteínas 2,7 g // Fibra 3 g // Grasas 11,7 g // Grasas saturadas 1 g // Sodio 480 mg

1. Ponga las dos coles en una ensaladera.

2. Parta las rodajas de cebolla por la mitad y échelas en la ensaladera.

3. Con un cuchillo afilado, rebane la parte superior e inferior de la naranja. Retírele la piel y la membrana blanca cortando hacia abajo, siguiendo la forma de la fruta a ras de la pulpa. Trabajando sobre un cuenco para recoger el zumo, vaya cortando entre los gajos para separarlos. Parta cada gajo por la mitad y estruje la membrana sobre el cuenco para extraer el zumo. Eche la naranja en la ensaladera.

4. Para preparar el aliño, ponga el aceite, el vinagre, la mostaza, la stevia, la sal y pimienta en el cuenco con el zumo de naranja, y bátalo con las varillas.

5. Incorpore el aliño, las nueces y el cilantro a la ensalada, y sírvala enseguida.

Para 4 personas // Preparación: 15 minutos // Cocción: ninguna

100 g/1 taza de col lombarda (repollo morado) en tiras finas
100 g/1 taza de col (repollo) blanca en tiras finas
1 cebolla roja pequeña en rodajas
1 naranja
40 g/⅓ de taza de nueces troceadas
1 puñado de hojas de cilantro

Aliño
1½ cucharadas de aceite de nueces
2 cucharaditas de vinagre de vino blanco
1 cucharadita de mostaza de Dijon
1 gota de stevia
½ cucharadita de sal
pimienta, al gusto

La col tiene un IG de solo 15, por lo que es una hortaliza ideal para incluirla en la dieta. Las nueces y su aceite ralentizan la absorción de la comida en el torrente sanguíneo.

Nota //

Ensalada caribeña

Una ensalada para despertar las papilas gustativas. Sírvala con jamón cocido o pollo picante, o mézclela con gambas o carne de cangrejo y obtendrá un entrante sencillo pero delicioso.

Kilocalorías 74 // Hidratos de carbono 10 g // Azúcares 5,5 g // Proteínas 1,2 g // Fibra 1,7 g // Grasas 3,7 g // Grasas saturadas 0,2 g // Sodio 80 mg

1 pimiento (ají, morrón, chile) amarillo grande sin las pepitas (semillas) y en dados de 1 cm/½ in

½ pepino cortado en cuartos, sin las pepitas (semillas) y en dados de 1 cm/½ in

2 rodajas de piña (ananás) de 15 mm/½ in de grosor troceadas

2 cebolletas (cebollas tiernas o de verdeo) picadas

2 guindillas (ajís picantes, pimientos chicos, chiles) rojas frescas sin las pepitas (semillas) y bien picadas

1 puñado de hojas de cilantro, para adornar

Aliño

el zumo (jugo) de 1 lima (limón)

1 cucharadita de aderezo cajún

1 cucharada de aceite vegetal virgen extra

1. Ponga el pimiento, el pepino, la piña, la cebolleta y la guindilla en una ensaladera.

2. Para preparar el aliño, mezcle en un cuenco el zumo de lima, el aderezo cajún y el aceite vegetal.

3. Aliñe la ensalada y remuévala bien. Adórnela con el cilantro y sírvala enseguida.

Para 4 personas // Preparación: 15 minutos // Cocción: ninguna

El consumo habitual de pepino (sin pelar) ayuda a combatir la hipertensión, que podría derivar en cardiopatías. Esto se debe a que contiene mucho potasio, que reduce la tensión arterial.

Nota //

Salsa de alubias blancas para mojar crudités

Pruebe esta exquisita salsa con hortalizas crudas y tiras de pan de pita. Una buena opción como entrante o tentempié, incluso para fiestas.

Kilocalorías 184 // Hidratos de carbono 19 g // Azúcares 2,1 g // Proteínas 6,3 g // Fibra 4,7 g // Grasas 8,6 g // Grasas saturadas 1,2 g // Sodio 520 mg

Nota //

Las alubias blancas son ricas en almidón resistente y fibra soluble e insoluble, por eso esta salsa es un tentempié muy saludable para controlar los niveles de glucosa en sangre.

1 pan de pita integral
⅓ de pepino cortado en cuartos a lo largo, sin las pepitas (semillas) y en bastoncillos
3 ramas de apio partidas por la mitad a lo largo y después en bastoncillos
4 rábanos en cuartos

Salsa
400 g/15 oz de alubias (chícharos) blancas cocidas, escurridas y enjuagadas
3 dientes de ajo majados
el zumo (jugo) de ½ limón
2½ cucharadas de aceite de oliva
1 cucharadita de sal
pimienta, al gusto

1. Para preparar la salsa, ponga las alubias en el robot de cocina. Añada el ajo, el zumo de limón, el aceite, la sal y pimienta. Accione el robot 20 segundos, o hasta obtener una pasta espesa. Si lo prefiere, ponga los ingredientes en un bol y bátalos con una cuchara de madera para mezclarlos. Si la salsa quedara demasiado espesa, dilúyala con un poco de agua. Pásela a un cuenco.

2. Tueste un poco el pan de pita y córtelo en 8 tiras.

3. Coloque el cuenco con la salsa en el centro de un plato, rodeado de las crudités y las tiras de pan de pita, y sírvalo enseguida.

Para 4 personas // Preparación: 15 minutos // Cocción: 5 minutos

Chips de tubérculos

Estos chips de tubérculos variados están más ricos que los que se venden envasados, que además tienen un IG más alto.

Kilocalorías 128 / / Hidratos de carbono 19,2 g / / Azúcares 5,4 g / / Proteínas 1,8 g / / Fibra 4,1 g / / Grasas 5,2 g / / Grasas saturadas 0,7 g / / Sodio 520 mg

1. Precaliente el horno a 190 °C/375 F y forre tres bandejas de horno con papel vegetal.

2. Corte las zanahorias, las chirivías, el boniato, las remolachas y las patatas en rodajas finas. Si fuera posible, utilice para ello una mandolina u otro cortador de hortalizas con la hoja regulable, o bien el robot de cocina para que las rodajas queden lo más finas posible.

3. Seque los tubérculos cortados entre hojas de papel de cocina.

4. En un bol, mezcle el aceite con la sal, el pimentón y pimienta. Ponga todos los tubérculos, excepto la remolacha, en un bol y añada casi todo el aliño, mezclando bien para que se impregnen.

5. Ponga la remolacha en un bol aparte con el aliño restante y remueva bien. Si mezclara la remolacha con los otros tubérculos, se teñirían de su color morado.

6. Reparta las rodajas de tubérculos entre las bandejas, con la remolacha por separado. Áselas 10 minutos en el horno precalentado, deles la vuelta con la espátula y prosiga con la cocción de 5 a 10 minutos más, o hasta que estén hechas y doradas.

7. Deje enfriar los chips sobre rejillas metálicas hasta que estén crujientes. Mézclelos, póngalos en un bol y sírvalos.

Para 4 personas / / Preparación: 15-20 minutos / / Cocción: 15-20 minutos, más enfriado

100 g/3½ oz de zanahorias
100 g/3½ oz de chirivías (pastinacas)
100 g/3½ oz de boniato (papa dulce, batata)
100 g/3½ oz de remolachas (betarragas)
125 g/4½ patatas (papas) nuevas sin pelar
1½ cucharadas de aceite de oliva
1 cucharadita de sal
½ cucharadita de pimentón dulce
pimienta, al gusto

El contenido de almidón resistente de los tubérculos se incrementa si se asan a la plancha o al horno. *Nota / /*

Crema de anacardos casera

Hacer crema en casa es fácil, y además esta no lleva azúcares añadidos como las que se venden envasadas.

Kilocalorías 153 / / Hidratos de carbono 8,4 g / / Azúcares 1,6 g / / Proteínas 5 g / /
Fibra 0,9 g / / Grasas 12 g / / Grasas saturadas 2,1 g / / Sodio 120 mg

1. Precaliente el horno a 140 °C/275 °F. Ponga los anacardos y la sal en el bol del robot de cocina y tritúrelos, parando cada minuto más o menos, hasta que los anacardos se calienten y empiecen a soltar el aceite.

2. Siga triturando hasta obtener una pasta cremosa y sedosa. Añada la vainilla y accione de nuevo el robot para incorporarla.

3. Lave 2 tarros con tapa de rosca de 225 g/8 oz de capacidad, enjuáguelos bien y séquelos con un paño de cocina limpio o papel de cocina. Ponga los tarros en la bandeja del horno y caliéntelos 20 minutos en el horno precalentado. Hierva las tapas 5 minutos en agua para esterilizarlas y luego séquelas con papel de cocina.

4. Con una cuchara limpia, rellene los tarros con la crema de anacardos y tápelos. Refrigérelos para conservar los aceites insaturados. Sáquelos del frigorífico 1 hora antes de utilizar la crema para que pueda untarla más fácilmente. Se conserva varias semanas en el frigorífico.

Para 18 raciones de 25 g / 1 cucharada colmada /
1 oz) / / Preparación: 15 minutos / / Cocción:
20 minutos (para esterilizar los tarros)

500 g/1 lb 2 oz de anacardos
(castañas de cajú, nueces de
la India) enteros sin tostar
1 cucharadita de sal
½ cucharadita de esencia de vainilla

Compre los anacardos enteros en lugar de troceados porque de ese modo conservan mejor sus valiosas grasas insaturadas. Elíjalos sin tostar, de lo contrario la receta no quedaría bien.

Consejo / /

Cóctel de frutos secos, plátano y pipas

Este cóctel contiene menos azúcares que los envasados. Guárdelo en un recipiente pequeño para picar durante el día.

Kilocalorías 132 // Hidratos de carbono 7,5 g // Azúcares 3 g // Proteínas 4,5 g // Fibra 2,4 g // Grasas 10,4 g // Grasas saturadas 1,5 g // Trazas de sodio

1. Precaliente el horno a 200 ºC/400 °F. Ponga en un bol las almendras, los piñones, las pipas, los chips de plátano, los dátiles, el salvado de avena y la pimienta, y mézclelo todo bien.

2. Aparte, bata un poco la clara de huevo con un tenedor, viértala en el bol y remueva para que todos los ingredientes se impregnen bien.

3. Extienda los frutos secos y la fruta en una capa en una bandeja de horno grande. Tuéstelos en el horno de 8 a 10 minutos, o hasta que estén crujientes y empiecen a dorarse.

4. Déjelos enfriar del todo antes de servir. Este cóctel se conserva hasta 5 días en un recipiente hermético.

Para 17 raciones de 25 g/2½ cucharadas/1 oz) // Preparación: 10 minutos // Cocción: 8-10 minutos, más enfriado

225 g/2¼ tazas de almendras
3 cucharadas de piñones
3 cucharadas de pipas (semillas) de calabaza (zapallo anco, zapallito)
3 cucharadas de pipas (semillas) de girasol
40 g/²⁄₃ de taza de chips de plátano (banana) deshidratado
2 dátiles deshuesados (descarozados) y troceados
2 cucharadas de salvado de avena
½ cucharadita de pimienta de Jamaica molida
la clara de 1 huevo mediano

Un solo puñado de almendras al día reporta numerosos beneficios para la salud. Las almendras favorecen la pérdida de peso y reducen la grasa abdominal. Además, mantienen el apetito a raya y moderan los niveles de glucosa en sangre de los diabéticos. *Nota //*

Tentempiés siempre a punto

El tentempié ideal presenta un buen equilibrio de hidratos de carbono y proteínas; contiene algo —pero no demasiado— de grasa (aunque sobre todo monoinsaturada y ácidos grasos omega-3); incluye vitaminas y minerales; aporta fibra, y es bajo en azúcar. A continuación encontrará algunas ideas para mantener una dieta saludable y regular el nivel de glucosa en la sangre hasta la siguiente comida sin ingerir demasiadas calorías. Puede añadir libremente lechuga, pepino, rábano y hierbas aromáticas.

CONSEJO: Intente compensar el tentempié que elija con lo que haya tomado en la comida anterior y lo que vaya a tomar en la siguiente. Por ejemplo, si va a cenar hortalizas en abundancia puede tomar un poco de queso y una galleta salada.

1 huevo duro y 1 biscote integral de centeno
(Kilocalorías: 114 / Hidratos de carbono: 6,7 g)

*

1 loncha de jamón cocido bajo en sal con un poco de mostaza de Dijon envuelto en 1 hoja de lechuga *(Kilocalorías: 36 / Hidratos de carbono: 1 g)*

*

1 puñadito (20 g/3 cdas./¾ oz) de almendras
(Kilocalorías: 115 / Hidratos de carbono: 4,3 g)

*

1 puñadito de pipas con 2 orejones de albaricoque
(Kilocalorías: 101 / Hidratos de carbono: 6 g)

*

1 trozo cuadrado de cheddar bajo en grasa de 2 cm/¾ in y 1 biscote de avena con 1 tomate cherry
(Kilocalorías: 109 / Hidratos de carbono: 7,1 g)

*

1 cda. de hummus con ½ pan de pita integral
(Kilocalorías: 102 / Hidratos de carbono: 16,4 g)

*

1 cda. de crema de cacahuete o anacardo con 1 rama de apio
(Kilocalorías: 100 / Hidratos de carbono: 4,6 g)

*

1 cda. de guacamole con ½ rebanada (15 g/½ oz) de pan integral de centeno
(Kilocalorías: 113 / Hidratos de carbono: 7,2 g)

*

1 zanahoria en bastoncillos con 1½ cdas. de salsa de yogur con pepino
(Kilocalorías: 84 / Hidratos de carbono: 7,8 g)

*

125 g/½ taza de yogur con 1 cda. de linaza molida y 1 cdta. de sirope de agave
(Kilocalorías: 133 / Hidratos de carbono: 13,1 g)

*

½ bollo integral con 1 cda. de queso cremoso bajo en grasa y rodajas de tomate
(Kilocalorías: 97 / Hidratos de carbono: 14,8 g)

*

1 puñadito de *Cóctel de frutos secos, plátano y pipas (véase* pág. 130)
(Kilocalorías: 132 / Hidratos de carbono: 7,5 g)

Pan, repostería y postres

Pan integral de centeno

Esta original receta de pan integral de centeno lleva polenta, patata y cacao. El resultado es un pan denso, oscuro y sabroso.

Kilocalorías 135 // Hidratos de carbono 27,8 g // Azúcares 3,7 g // Proteínas 5 g // Fibra 6,2 g // Grasas 1,5 g // Grasas saturadas 0,2 g // Sodio 160 mg

1. Ponga la polenta en una cazuela con el agua fría y cuézala a fuego lento, sin dejar de remover, 5 minutos o el tiempo indicado en el envase, hasta que se espese. Aparte la cazuela del fuego y añada el azúcar, el aceite, la sal, las semillas de alcaravea y el cacao. Remueva y déjelo enfriar un poco.

2. Añada el puré de patata, la harina de centeno y la de trigo, la levadura y el agua templada. Trabaje los ingredientes 10 minutos, o hasta que la masa esté suave y elástica.

3. Pulverice un bol grande con aceite en aerosol y ponga la masa dentro. Cúbrala con un paño de cocina limpio y déjela reposar en un lugar cálido unos 45 minutos, hasta que haya doblado su volumen.

4. Mientras tanto, precaliente el horno a 190 °C/375 °F. Pulverice un molde rectangular de 1 kg/2 lb 4 oz de capacidad con aceite en aerosol.

5. Ponga la masa en el molde, dándole forma para que encaje bien. Practique unos cortes al bies en la parte superior y espolvoréela con un poco de harina integral de trigo. Cueza el pan en el horno precalentado 1 hora, o hasta que suene a hueco al darle unos golpecitos en la base. Déjelo enfriar 10 minutos en el molde y luego páselo a una rejilla metálica para que se enfríe del todo.

Para 20 porciones // Preparación: 25-30 minutos, más reposo // Cocción: 1 hora 10 minutos, más enfriado

75 g/½ taza de polenta instantánea
300 ml/1¼ tazas de agua fría
60 g/¼ de taza de azúcar moreno apelmazado
1 cucharada de aceite de oliva suave
1½ cucharaditas de sal
2 cucharaditas de semillas de alcaravea (comino, hinojo de prado)
1 cucharada de cacao en polvo sin edulcorar
225 g/1 taza de puré de patata (papa) frío o templado
400 g/3 tazas y 2 cucharadas de harina integral de centeno
150 g/1¼ tazas de harina integral de trigo, y un poco más para espolvorear
15 g/4½ cucharaditas de levadura seca de panadería
100 ml/½ taza de agua templada
aceite en aerosol, para engrasar

La harina integral de centeno y el cacao reducen la CG de este pan para que pueda disfrutar de una rebanada sin temor a padecer un pico de glucemia.

Nota //

Pastas saladas de queso y hierbas

Estas deliciosas pastas son ideales como tentempié de media mañana o en lugar del pan a la hora del almuerzo.

Kilocalorías 213 // Hidratos de carbono 32 g // Azúcares 1,1 g // Proteínas 7,9 g // Fibra 2,8 g // Grasas 6,4 g // Grasas saturadas 2,9 g // Sodio 480 mg

1. Precaliente el horno a 220 ºC/425 ºF y pulverice una bandeja de horno grande con aceite en aerosol.

2. En un bol grande, tamice las harinas, la levadura y la sal. Agregue el salvado que quede en el tamiz y remueva. Incorpore la margarina con la punta de los dedos hasta obtener una pasta de una textura parecida a la del pan rallado. Incorpore el queso, el cebollino y el romero.

3. Haga un hueco en el centro y vierta toda la leche excepto 2 cucharadas, removiendo con una espátula hasta que empiece a ligarse la masa. Cuando pueda manipularla, trabájela a mano. Si fuera necesario, añada un poco más de leche o agua (la cantidad justa para obtener una masa consistente).

4. Vuelque la masa en la encimera espolvoreada con un poco de harina y trabájela con suavidad hasta que quede lisa. Espolvoree la encimera y el rodillo con un poco más de harina si fuera necesario y extienda la masa en una lámina de 2 cm/¾ in de grosor. Corte 16 redondeles con un cortapastas de 7,5 cm/3 in.

5. Ponga los redondeles de masa bien espaciados en la bandeja preparada. Píntelos con la leche restante y esparza el parmesano por encima. Cueza las pastas en el horno entre 15 y 20 minutos, o hasta que estén hechas, doradas y suenen a hueco al darle unos golpecitos en la base. Sírvalas templadas o frías. Congeladas, se conservan hasta un mes.

Para 16 unidades // Preparación: 20-25 minutos // Cocción: 15-20 minutos, más enfriado

aceite en aerosol, para engrasar

335 g/2¾ tazas de harina integral de trigo

335/2¾ tazas de harina de trigo, y un poco más para espolvorear

2 cucharadas de levadura en polvo

¼ de cucharadita de sal

75 g/5½ cucharadas de margarina de barra troceada

100 g/¾ de taza de cheddar curado bajo en grasa rallado

1½ cucharadas de cebollino (cebollín) bien picado

1 cucharada de hojas de romero bien picadas

300 ml/1¼ tazas de leche semidesnatada (semidescremada)

30 g/⅓ de taza de parmesano recién rallado

Si le gusta el sabor a frutos secos, sustituya la harina integral de trigo por harina integral de espelta. Si prefiere utilizar harina con levadura en lugar de harina blanca, añada solo 3¼ cucharaditas de levadura y omita la sal.

Consejo //

Barritas de frutos secos y pipas

Las barritas industriales suelen llevar mucho azúcar. En esta receta casera la cantidad de azúcar se ha reducido a un nivel aceptable.

Kilocalorías 213 // Hidratos de carbono 21,7 g // Azúcares 6,8 g // Proteínas 6,2 g // Fibra 4 g // Grasas 12 g // Grasas saturadas 1,8 g // Sodio 120 mg

1. Precaliente el horno a 170 °C/340 °F. Forre bien una bandeja baja de 24 x 16 cm/9½ x 6¼ in con papel vegetal.

2. Ponga el aceite, la crema de anacardos, el jarabe de arce y la stevia en un cazo, y caliéntelo a fuego lento, sin dejar de remover, hasta que los ingredientes estén bien mezclados y la crema se haya derretido.

3. Aparte el cazo del fuego, añada la linaza, la compota de manzana y la vainilla, y mezcle bien.

4. En un bol, mezcle los copos de avena con los orejones, las pipas de calabaza y de girasol, la canela y la sal. Vierta dentro la crema y mézclelo todo bien.

5. Extienda la pasta en la bandeja preparada, presionándola con los dedos hacia la base y en dirección a las esquinas hasta que quede bien repartida.

6. Cuézala 40 minutos en el horno precalentado, o hasta que se dore por arriba. Déjela enfriar unos 5 minutos en el molde, desmóldela y córtela en 15 barritas. Páselas a una rejilla metálica para que se enfríen del todo. Se conservan 1 semana en un recipiente hermético.

Para 15 unidades // Preparación: 20 minutos // Cocción: 45 minutos, más enfriado

4 cucharadas/¼ de taza de aceite de cacahuete (cacahuate, maní)
3 cucharadas de Crema de anacardos casera (*véase* pág. 128)
1 cucharada de jarabe de arce
2 cucharadas de stevia en polvo
50 g/¼ de taza de linaza molida
250 g/1 taza de compota de manzana sin edulcorar
1 cucharadita de esencia de vainilla
240 g/3 tazas de copos de avena
115 g/¾ de taza de orejones de albaricoque (damasco) picados
50 g/⅓ de taza de pipas (semillas) de calabaza (zapallo anco, zapallito)
50 g/⅓ de taza de pipas (semillas) de girasol
½ cucharadita de canela molida
¼ de cucharadita de sal

Las pipas son ricas en grasas insaturadas —incluidos ácidos grasos omega-3 y grasas monoinsaturadas—, fibra soluble e insoluble y almidón resistente.

Nota //

Galletas de avena, arándanos y frutos secos

La stevia reduce mucho el contenido de azúcar para que pueda disfrutar de unas galletas de fruta y frutos secos sin sentir remordimientos.

Kilocalorías 145 // Hidratos de carbono 17 g // Azúcares 1,4 g // Proteínas 3,8 g // Fibra 2,4 g // Grasas 7,3 g // Grasas saturadas 1,4 g // Sodio 80 mg

1. Precaliente el horno a 180 °C/350 °F. Pulverice una bandeja de horno grande con aceite en aerosol.

2. En un bol, bata el aceite con la margarina, la stevia y la miel hasta obtener una crema. A continuación, incorpore el huevo, la vainilla y 1 cucharada de la harina integral.

3. En un bol aparte, mezcle las harinas con los copos de avena, el bicarbonato y la sal. Añada los arándanos y la avellana y remueva con suavidad para que los arándanos no se rompan.

4. Incorpore los ingredientes secos a la crema del otro bol. Deposite 25 cucharadas de la pasta en la bandeja preparada.

5. Cueza las galletas en el horno precalentado unos 15 minutos, hasta que cuajen por los bordes y se doren pero aún cedan un poco al presionarlas en el medio con el pulgar.

6. Con la espátula, pase las galletas a una rejilla metálica y deje que se enfríen del todo. Se conservan 1 semana en un recipiente hermético.

Para 25 unidades // Preparación: 20-25 minutos // Cocción: 15 minutos, más enfriado

aceite en aerosol, para engrasar

4 cucharadas/¼ de taza de aceite de cacahuete (cacahuate, maní)

60 g/4½ cucharadas de margarina de barra a temperatura ambiente

15 g/3½ cucharadas de stevia en polvo

2 cucharadas de miel fluida

1 huevo grande

1 cucharadita de esencia de vainilla

150 g/1¼ tazas de harina integral de trigo o de espelta (escanda, trigo salvaje)

100 g/¾ de taza de harina de trigo

150 g/1¾ tazas de copos de avena

125 g/1½ tazas de copos de avena partidos

1 cucharadita de bicarbonato

¼ de cucharadita de sal

200 g/1⅓ tazas de arándanos

80 g/¾ de taza de avellana picada

Los estudios demuestran que los arándanos regulan los niveles de glucosa en la sangre gracias a los compuestos vegetales (fenoles) que contienen.

Nota //

Magdalenas de puré de calabaza

¡Por fin unas magdalenas saludables y bajas en grasas y grasas saturadas que están irresistibles!

Kilocalorías 225 // Hidratos de carbono 42 g // Azúcares 7,5 g // Proteínas 7,6 g // Fibra 5,2 g // Grasas 4,1 g // Grasas saturadas 0,6 g // Sodio 320 mg

1. Precaliente el horno a 180 °C/350 °F. Coloque 10 moldes de papel en los huecos de un molde múltiple para 12 magdalenas.

2. En un bol, mezcle bien la harina con los copos de avena, la levadura, el bicarbonato, la sal y las especias.

3. En otro bol, bata el azúcar con las claras, la stevia y la vainilla. Incorpore la calabaza, el aceite, la compota de manzana y la leche de almendras. Agregue los ingredientes secos del otro bol y remueva lo justo para mezclarlo.

4. Reparta la pasta entre los moldes de papel. Cueza las magdalenas en el horno 25 minutos, o hasta que al pincharlas en el centro con un palillo, este salga limpio.

5. Deje enfriar las magdalenas en el molde hasta que pueda manipularlas y luego páselas a una rejilla metálica para que se enfríen del todo. Es mejor degustarlas en el plazo de 24 horas, pero se conservan unos días más y, congeladas, un mes.

Para 10 unidades // Preparación: 20-25 minutos // Cocción: 25 minutos, más enfriado

330 g/2¾ tazas de harina integral de trigo
125 g/1½ tazas de copos de avena
1¼ cucharaditas de levadura en polvo
¾ de cucharadita de bicarbonato
¼ de cucharadita de sal
2 cucharaditas de especias variadas para tarta de calabaza (zapallito)
65 g/⅓ de taza de azúcar moreno apelmazado, 2 claras de huevo
1 cucharada de stevia en polvo
2 cucharaditas de esencia de vainilla
275 g/1 taza de pulpa de calabaza (zapallo anco, zapallito) en conserva, chafada
1½ cucharadas de aceite de cacahuete (cacahuate, maní)
100 g/⅓ de taza de compota de manzana sin edulcorar
250 ml/1 taza de leche de almendras a la vainilla sin edulcorar

Para hacer el puré de calabaza en casa, ponga 3 tazas de calabaza troceada en un bol apto para el microondas con un poco de agua. Cuézala a 850 vatios 8 minutos, o hasta que esté tierna y blanda, y cháfela bien. *Consejo //*

Cómo incorporar su comida favorita a la dieta

No hay ningún alimento al que deba renunciarse por completo, ni siquiera cuando se padece diabetes. Lo que realmente importa es la calidad global de la dieta y el control de la ingesta de hidratos de carbono, sobre todo si es insulinodependiente.

En las comidas y los tentempiés conviene estar atento para equilibrar los alimentos ingeridos de modo que la CG sea aceptable. Esto es muy sencillo. Por ejemplo, si le gustan los caramelos, que contienen mucho azúcar y poca fibra, limite la cantidad que toma y compénselos con un alimento rico en proteínas y bajo en grasas para reducir su CG, por ejemplo, un puñado de frutos secos. Además, este truco tiene la ventaja de que sacia durante más tiempo y evita volver a caer en la tentación de los caramelos al poco rato. Pongamos otro ejemplo. Si le apetece un plato de pasta blanca, condiméntela con un alimento que sea rico en proteínas y contenga mucha fibra, por ejemplo, atún y brócoli con guisantes y salsa de tomate.

Si cuida la línea, puede hacer varias cosas para incluir su comida favorita en la dieta sin que esto suponga una amenaza para adelgazar o mantenerse en su peso:

* Coma de manera consciente. Siempre que se dé un capricho o tome un alimento muy calórico, coma lentamente y aprecie lo que come, disfrútelo y saboréelo. Cuando termine, note el bienestar, apártese del lugar donde está la comida y haga algo que le haga sentirse bien.

* Preste atención a los alimentos, masticando bien y comiendo lo más despacio que pueda. De este modo podrá dejar de comer cuando tenga suficiente. Este sencillo truco ayuda a controlar la ingesta de alimentos más de lo que imagina, así «ahorrará» calorías para darse algún capricho.

* Si fuera posible, añada un par de alimentos sanos a su comida favorita para mejorar el perfil nutricional. Por ejemplo, si se va a comer un guiso de cordero con arroz blanco bajo en fibra, añádale unas hortalizas ricas en fibra, como espinacas, brócoli, cebolla y tomate. Así, gracias al «relleno» de las hortalizas tomará menos calorías y menos grasa.

* Sea moderado con las raciones de las comidas que menos le convienen. Para ello va bien servirse la comida en platos pequeños y, al cocinar, preparar raciones que no sean demasiado copiosas para evitar la tentación de repetir.

* Busque una versión baja en grasa, sal o azúcar de su alimento favorito. En muchos supermercados encontrará versiones saludables de quesos, yogures, salsas, postres, patatas fritas y platos preparados, entre muchos otros productos.

* Intente quemar las calorías de las comidas haciendo ejercicio. Imagine que le apetece una barrita de chocolate con caramelo de 200 kilocalorías. ¿Está lo bastante motivado para salir a caminar una hora para quemar esas calorías? Seguro que si lo hace se sentirá mucho mejor consigo mismo.

* Planifique una hora del día o un día de la semana para darse un capricho. Quizá cada día a las cuatro de la tarde le apetezca un trozo de tarta o cada viernes, cenar en un restaurante italiano. A la larga puede ser positivo reservar un tiempo determinado para su comida favorita.

* A medida que se adquieren hábitos de alimentación saludables, se descubre que ya no apetecen los productos ricos en azúcar, sal o grasas saturadas que tanto gustaban antes. Las papilas gustativas cambian, y aunque le cueste de creer es probable que se convierta en un adicto a la comida sana.

Brownies de remolacha

La remolacha es un ingrediente muy valioso en repostería, pues aporta volumen, jugosidad y dulzor sin añadir azúcar ni grasas de más.

Kilocalorías 74 / / Hidratos de carbono 7,6 g / / Azúcares 4,8 g / / Proteínas 1,2 g / /
Fibra 0,9 g / / Grasas 4,4 g / / Grasas saturadas 1,3 g / / Trazas de sodio

aceite en aerosol, para engrasar
150 g/5½ oz de chocolate negro troceado
2 huevos
1 cucharadita de esencia de vainilla
100 g/½ taza de azúcar moreno apelmazado
3½ cucharadas de stevia en polvo

85 ml/⅓ de taza de aceite de girasol
225 g/8 oz de remolachas (betarragas) cocidas ralladas
100 g/¾ de taza de harina integral de trigo
¾ de cucharadita de levadura en polvo
3 cucharadas de cacao en polvo

1. Precaliente el horno a 180 °C/350 °F. Pulverice con aceite en aerosol un molde cuadrado de 20 cm/8 in de lado y fórrelo con papel vegetal.

2. Ponga el chocolate en un bol refractario, encájelo en la boca de un cazo con agua hirviendo a fuego lento, sin que llegue a tocarla, y remuévalo hasta que empiece a derretirse. Apártelo del calor.

3. En un bol, bata con las varillas eléctricas los huevos con la vainilla, el azúcar y la stevia 3 o 4 minutos, o hasta obtener una crema blanquecina y espumosa. Sin dejar de batir, vierta el aceite. Incorpore la remolacha y tamice la harina, la levadura y el cacao por encima. Añada también el salvado que quede en el tamiz. Vierta el chocolate derretido y remueva para mezclarlo todo bien.

4. Pase la pasta al molde y alísela con una espátula. Cuézala en el horno precalentado de 25 a 30 minutos, o hasta que empiece a notarse consistente al tacto.

5. Déjelo enfriar 5 minutos en el molde y después páselo a una rejilla metálica para que se enfríe del todo. Córtelo en 36 cuadraditos. Se conservan 1 semana en un recipiente hermético.

Para 36 unidades / / Preparación: 25 minutos / /
Cocción: 30-35 minutos, más enfriado

La remolacha es un manantial de salud: baja la tensión arterial, aumenta la histamina y su contenido en betaína tiene acción antiinflamatoria, por lo que protege el sistema cardiovascular.

Nota / /

Compota de ciruela y ruibarbo con cobertura crujiente

Este postre de solo unas 200 kilocalorías puede tomarse caliente o frío, de ambas formas es una auténtica delicia.

Kilocalorías 208 / / Hidratos de carbono 27,5 g / / Azúcares 10,6 g / / Proteínas 5,6 g / / Fibra 4,2 g / / Grasas 9,8 g / / Grasas saturadas 1,5 g / / Trazas de sodio

1. Precaliente el horno a 190 °C/375 °F. Mezcle las ciruelas y el ruibarbo con la stevia, la canela y el agua, y póngalo en un recipiente apto para el microondas. Caliéntelo 3 minutos a 850 vatios, o hasta que la fruta se ablande pero sin que se deshaga. Si lo prefiere, cueza los ingredientes en el fogón unos minutos a fuego lento.

2. Reparta la fruta entre 6 moldes de cerámica de 175 ml/¾ de taza de capacidad y distribuya una parte de la almendra fileteada en cada ración.

3. Tamice la harina en un bol y añada el salvado que pudiera quedar en el tamiz. Incorpore la margarina con las puntas de los dedos hasta obtener una pasta con una textura parecida a migas de pan. Incorpore después la almendra molida, los frutos secos, el azúcar moreno, la avena y el pan integral recién rallado.

4. Reparta la cobertura crujiente entre los moldes, extendiéndola bien para cubrir la fruta por completo. Ponga los moldes en la bandeja del horno y cueza la compota en el horno precalentado entre 20 y 25 minutos, o hasta que la cobertura se dore y la fruta burbujee. Déjelo reposar 10 minutos antes de servir.

Para 6 unidades / / Preparación: 25 minutos / / Cocción: 23-28 minutos, más enfriado

8 ciruelas rojas maduras partidas por la mitad, sin el hueso (carozo) y partidas de nuevo

150 g/5½ oz de tallos de ruibarbo en trozos de 2,5 cm/1 in

2 cucharadas de stevia en polvo

1 cucharadita de canela molida

2 cucharadas de agua

20 g/3 cucharadas de almendra fileteada

75 g/²⁄₃ de taza de harina integral de trigo

50 g/3½ cucharadas de margarina de barra fría y cortada en trocitos

30 g/¹⁄₃ de taza de almendra molida

2 cucharadas de frutos secos tostados picados

25 g/2 cucharadas de azúcar moreno sin refinar

25 g/¼ de taza de copos de avena

25 g/½ taza de pan integral rallado

La ciruela es una fruta muy recomendable para postres en el caso de diabetes porque es dulce pero tiene un IG bajo. Los frutos secos y la avena de la cobertura reducen la CG total de este postre.

Nota / /

1

2

3

Pudin de pan y frutos del bosque

Una versión moderna del pudin de toda la vida en la que el pan y la fruta se distribuyen por capas en platos individuales.

Kilocalorías 224 // Hidratos de carbono 42,6 g // Azúcares 10,5 g // Proteínas 7,4 g // Fibra 8 g // Grasas 4 g // Grasas saturadas 0,9 g // Sodio 160 mg

1. Reserve 12 mitades de fresa y 18 frambuesas para adornar el postre.

2. Ponga los frutos restantes en una cazuela con la stevia y un poco de agua y cuézalo a fuego lento, removiendo de vez en cuando, entre 8 y 10 minutos, o hasta que la fruta acumule mucho jugo y se parta un poco pero sin llegar a deshacerse. Apártelo del fuego y entonces agregue el zumo de limón y la esencia de vainilla.

3. Forre 6 moldes de cerámica de 250 ml/1 taza de capacidad con film transparente, dejando los lados largos de modo que caigan por el borde.

4. Recorte cada rebanada de pan en un redondel del diámetro del molde (aproveche los trozos sobrantes para otra receta), y remójelos por una cara en la cazuela con la fruta para que se impregnen con el jugo. Rellene los moldes por capas. Primero vierta un poco de jugo, después añada un redondel de pan (con la cara remojada hacia arriba), y luego 1 o 2 cucharadas de frutos. Repita las capas hasta que se acaben los ingredientes, terminando con un redondel de pan (con la parte remojada hacia arriba).

5. Ponga los moldes en una bandeja, cúbralos con un plato pequeño cada uno y coloque un peso encima, como una bolsa de legumbres secas. Refrigere los pudines toda la noche, o hasta que vaya a servirlos.

6. Desmolde los pudines en platos de postre y luego adórnelos con las fresas y las frambuesas reservadas. Adórnelos también con 1 cucharada de nata y sírvalos enseguida.

Para 6 unidades // Preparación: 25-30 minutos, más refrigeración // Cocción: 8-10 minutos

250 g/1⅔ tazas de fresas (frutillas) sin el rabillo y partidas por la mitad
250 g/2 tazas de frambuesas
100 g/⅔ de taza de arándanos
150 g/1 taza de grosellas (o 75 g/½ taza más de cada de frambuesas y de arándanos)
2-3 cucharadas de stevia en polvo
1 cucharada de zumo (jugo) de limón
1 cucharadita de esencia de vainilla
18 rebanadas finas de pan integral
200 g/1 taza de nata (crema) fresca espesa, quark o yogur griego bajos en grasa

Ricos en fibra, los frutos del bosque son toda una golosina. En esta receta se cocinan poco, así que conservan buena parte de su gran contenido en vitamina C, que los estudios sugieren que podría prevenir la diabetes tipo 2.

Nota //

Crema de vainilla con salsa de frambuesa

Los postres a base de leche siempre son un acierto, y esta crema no es una excepción. La salsa de frambuesa le da un toque ácido muy especial.

Kilocalorías 151 // Hidratos de carbono 17,7 g // Azúcares 7,9 g // Proteínas 6 g // Fibra 4,5 g // Grasas 6,4 g // Grasas saturadas 3 g // Sodio 80 mg

1. Reserve 100 g/¾ de taza de frambuesas y ponga las restantes en un bol apto para el microondas junto con 1 cucharada de la stevia y el agua. Caliéntelas a 850 vatios hasta que se deshagan y suelten mucho jugo.

2. Pase las frambuesas por un colador colocado sobre un bol y presiónelas con el extremo de un rodillo o la mano de mortero. Incorpore el zumo de limón. La salsa debería quedar con una consistencia más espesa que el zumo de frutas; si quedara demasiado líquida, pásela a un cazo con el arruruz y remueva a fuego medio hasta que se espese. Reserve la salsa.

3. Con las varillas, bata los huevos en un bol con 2 cucharadas de la stevia y la vainilla. Incorpore la maicena y siga batiendo hasta obtener una crema.

4. Caliente la leche en una cazuela sin dejar que llegue a hervir. Viértala poco a poco sobre la crema de huevo, batiendo constantemente, y luego devuélvalo todo a la cazuela.

5. Caliente la crema a fuego medio-lento sin dejar de batir hasta que se espese. Apártela del fuego y pruébela; si no fuera bastante dulce, añada más stevia al gusto y llévela al fuego para que se disuelva. Sin dejar de batir, incorpore la mantequilla.

6. Reparta la crema de vainilla entre 6 vasos de cristal de 150 ml/²⁄₃ de taza de capacidad y refrigérela hasta que se enfríe por completo. Cubra la crema con la salsa de frambuesa y las frambuesas reservadas. Esparza el chocolate rallado por encima y sírvalo enseguida.

Para 6 unidades // Preparación: 15 minutos, más refrigeración // Cocción: 25-30 minutos

400 g/3¼ tazas de frambuesas

3-4 cucharadas de stevia en polvo

2-3 cucharadas de agua

el zumo (jugo) de ½ limón

1 cucharadita de arruruz, si fuera necesario

2 huevos

1 cucharadita de esencia de vainilla

2 cucharadas de maicena

500 ml/2 tazas de leche semidesnatada (semidescremada)

1 cucharada de mantequilla derretida

1 cucharada colmada de chocolate negro rallado, para adornar

Pruebe a sustituir las frambuesas de la salsa y la cobertura por arándanos o moras. Todas las bayas son ricas en vitamina C, fibra y compuestos vegetales que previenen las cardiopatías.

Consejo //

Espuma de limón

Las claras de huevo aportan volumen sin sumar calorías ni grasas, mientras que el limón le da sabor y frescura.

Kilocalorías 120 // Hidratos de carbono 10,8 g // Azúcares 9,5 g // Proteínas 10,4 g // Fibra 0 g // Grasas 3,8 g // Grasas saturadas 2,5 g // Sodio 80 mg

El limón contiene vitamina C y limonina, un compuesto que podría bajar el colesterol y favorecer la pérdida de peso.

Nota //

4 cucharadas/¼ de taza de zumo (jugo) de limón

3 cucharadas de jarabe de arce

2 cucharadas de stevia en polvo

1 ramita de menta, y 4 más para adornar

4 claras de huevo

2 cucharaditas de ralladura fina de limón

300 g/1¼ tazas de yogur griego

1. Ponga el zumo de limón, el jarabe de arce, la stevia y la menta en un cazo, y llévelo a ebullición a fuego fuerte, removiendo. Apártelo del fuego y déjelo reposar 10 minutos.

2. Mientras tanto, en un bol bien limpio, monte las claras a punto de nieve con las varillas eléctricas.

3. Retire la menta del sirope de limón, añada la ralladura de limón y, a continuación, incorpórelo poco a poco a la clara montada, batiendo a velocidad alta. Añada el yogur removiendo con cuidado con una cuchara metálica grande.

4. Reparta la espuma de limón entre 4 vasos y adórnela con 1 ramita de menta. Sírvala enseguida.

Para 4 personas // Preparación: 15 minutos, más reposo // Cocción: 5 minutos

Índice analítico

This edition published by Parragon Books Ltd in 2015 and distributed by:

Parragon Inc.
440 Park Avenue South, 13th Floor
New York, NY 10016, USA
www.parragon.com/lovefood

LOVE FOOD is an imprint of Parragon Books Ltd

Copyright © Parragon Books Ltd 2015

LOVE FOOD and the accompanying heart device is a registered trademark of Parragon Books Ltd
in the USA, the UK, Australia, India, and the EU.

Traducción: Carme Franch Ribes para Delivering iBooks & Design
Redacción y maquetación: Delivering iBooks & Design, Barcelona

Todos los derechos reservados. Ninguna parte de esta obra se puede reproducir, almacenar
o transmitir de forma o por medio alguno, sea este electrónico, mecánico, por fotocopia, grabación
o cualquier otro, sin la previa autorización escrita de los titulares de los derechos.

ISBN: 978-1-4748-1512-3

Impreso en China/Printed in China

Textos: Judith Wills
Asesoramiento nutricional: Fiona Hunter
Fotografías: Mike Cooper
Economía doméstica: Lincoln Jefferson
Diseño: Beth Kalynka
Gestión del proyecto: Louisa Smith

Las fotografías de las páginas 10, 34-35, 90-91, 133 y 146-147 son propiedad de Shutterstock.

Notas:
En este libro las medidas se dan en el sistema métrico e imperial. Para términos que difieren según la región,
hemos añadido variantes en la lista de ingredientes. Se considera que 1 cucharadita equivale a 5 ml
y 1 cucharada, a 15 ml. Si no se da otra indicación, la leche será siempre entera, los huevos y las verduras
u hortalizas, como las patatas, de tamaño medio, y la pimienta, negra y recién molida. Asimismo, si no
se indica lo contrario, lave y pele los tubérculos antes de añadirlos a las recetas.

Las guarniciones, los adornos y las sugerencias de presentación son opcionales y no se incluyen necesariamente
en la lista de ingredientes o el modo de preparación de la receta. Los ingredientes opcionales y los aderezos
a su gusto no se incluyen en el análisis nutricional. Los tiempos indicados son orientativos. Los tiempos de
preparación pueden variar de una persona a otra según su técnica culinaria; asimismo, también pueden variar
los tiempos de cocción. Los ingredientes opcionales, las variaciones y las sugerencias de presentación no se han
incluido en los cálculos. Los valores nutricionales son por ración o unidad.

Aunque la autora ha hecho todo lo posible por garantizar que la información que aparece en este libro sea precisa
y esté actualizada en el momento de su publicación, el lector debe tener en cuenta los siguientes puntos:

Los conocimientos médicos y farmacéuticos están en constante evolución, y ni la autora
ni el editor pueden garantizar que el contenido del libro sea preciso o apropiado.
En cualquier caso, este libro no pretende ser, ni el lector debería considerarlo, algo que pueda
sustituir al consejo médico. La autora y el editor recomiendan que consulte con su médico
antes de incorporar un cambio drástico a la dieta.
Por esas razones, y en el marco de la legalidad vigente, la autora y el editor: (i) declinan cualquier
responsabilidad legal en relación con la precisión o la adecuación del contenido de este libro, incluso
cuando se expresa como «consejo» u otras palabras de significado semejante; y (ii) se eximen de cualquier
responsabilidad ante posibles percances, daños o riesgos debidos, como consecuencia directa o indirecta,
al uso o aplicación de los contenidos de este libro.

Dodge City Public Library
1001 N. Second Ave., Dodge City, KS

Dodge City Public Library
1001 N. Second Ave., Dodge City, KS